A LA SOMBRA DEL GENERAL

A LA SOMBRA DEL GENERAL

ATAHUALPA CAMPOS

1

A LA SOMBRA DEL GENERAL

El proyecto cardenista frente al espejo de la política en el México actual

Autor: Atahualpa Campos

PÁGINA DE DERECHOS DE AUTOR

A LA SOMBRA DEL GENERAL

El proyecto cardenista frente al espejo de la política en el México actual

Marca de autor: Atahualpa Campos

Primera edición.

Impreso en México.

Este libro se terminó de imprimir en el año 2026.

Brayan1973@gmail.com

ÍNDICE DE CONTENIDOS

DEDICATORIA

A la memoria de Alejandra de la Caridad, cuya luz sigue guiando las estructuras de mi pensamiento y cuya ausencia se transforma en la fuerza motriz de cada línea escrita en estas páginas. Su legado intelectual y humano permanece como un faro inextinguible en los momentos de mayor oscuridad, recordándonos que la verdadera sabiduría no reside en la acumulación de datos, sino en la capacidad de comprender el dolor ajeno y transformarlo en acción colectiva. Este libro es un testimonio de que la historia no es un cementerio de buenas intenciones, sino un arsenal de herramientas para forjar el futuro, y su recuerdo me obliga a mantener el rigor analítico y la honestidad intelectual en cada argumento expuesto.

A quienes aún creen que el Estado debe ser el escudo inquebrantable de los desprotegidos y no el administrador complaciente de los privilegios de unos cuantos. En una época donde el cinismo se ha apoderado de las instituciones y la política se ha reducido a la gestión técnica de la miseria, mantener la fe en el Estado como instrumento de justicia social es un acto de profunda rebeldía. Esta dedicatoria es para aquellos que no han claudicado ante la narrativa del pensamiento único, para los que entienden que la libertad política es una quimera si no está sostenida por la independencia económica y la dignidad material de las mayorías.

Este texto es un homenaje a la memoria histórica de un pueblo que se negó a ser subyugado y que, a través de la sangre y el sacrificio, logro arrancar las concesiones más importantes de la historia moderna. A los campesinos que marcharon por la tierra, a los obreros que lucharon por la justicia laboral y a los intelectuales que defendieron la soberanía cultural. Ellos son los verdaderos arquitectos de la nación, y su lucha sigue viva en cada resistencia contemporánea frente a los embates del capital transnacional y la desmemoria institucional.

A la memoria de los que partieron, porque su ausencia nos obliga a no claudicar ante la injusticia y a mantener viva la llama de la dignidad nacional en tiempos de desesperanza. Que estas páginas sirvan como un recordatorio de que la patria no es un concepto abstracto, sino la suma de las batallas libradas por aquellos que nos precedieron. El amor por México exige la valentía de confrontar sus verdades más incomodas y la humildad para aprender de los errores del pasado, construyendo sobre los cimientos de la verdad y no sobre las arenas movedizas de la conveniencia política.

Finalmente, a las generaciones venideras, a quienes heredarán los escombros de este modelo agotado y tendrán la ineludible tarea de reconstruir el tejido social. Que este libro no sea leído como una elegia por lo perdido, sino como un manual de supervivencia y una hoja de ruta para la refundación del Estado. La luz de Alejandra y la sombra del General convergen en este propósito: demostrar que otro México es posible, siempre y cuando tengamos el coraje de recuperar la soberanía y la justicia como ejes innegociables de nuestra convivencia nacional.

PROLOGO: EL PESO DE LA HISTORIA Y LOS DOS PILARES DE LA NACION

Para comprender la magnitud del proyecto cardenista es imperativo sumergirse en las profundidades de la historia mexicana, analizando los dos pilares fundamentales que han sostenido o derrumbado a la nación a lo largo de los siglos. El primer pilar es la búsqueda incesante de la soberanía, un concepto que trasciende la mera independencia territorial para adentrarse en la autonomía económica, política y cultural de un pueblo que se niega a ser subyugado. El segundo pilar es la construcción de un Estado fuerte y rector, capaz de imponer el interés colectivo sobre las ambiciones particulares y de garantizar la justicia social como único fundamento de la paz. Estos dos ejes no han sido lineales ni exentos de contradicciones; por el contrario, han sido forjados en el fuego de las confrontaciones más sangrientas y de las crisis más profundas. La historia de México es la crónica de una lucha constante entre la vocación de grandeza de sus pueblos originarios y las estructuras de dominación impuestas por el colonialismo y el capitalismo salvaje. Analizar esta dialéctica es esencial para desentrañar por que el cardenismo represento la síntesis más acabada de estas aspiraciones nacionales y por qué su desmantelamiento posterior sumió al país en una crisis de identidad y propósito que aún nos atormenta, obligándonos a replantear las bases mismas de nuestra convivencia.

La reflexión sobre el peso de la historia nos obliga a confrontar la realidad de que las naciones no avanzan por inercia, sino a través de rupturas paradigmáticas que redefinen el contrato social. En el caso de México, la transición de una sociedad agraria y fragmentada a un Estado nación moderno requirió de un derramamiento de sangre y de una movilización popular sin precedentes. Sin embargo, la revolución física debe ser complementada por una revolución de las conciencias, un cambio estructural en la forma en que los ciudadanos se perciben a sí mismos y a su relación con el poder. El cardenismo no solo implemento políticas públicas; modifico la psicología colectiva del mexicano, instaurando la convicción de que el destino nacional estaba en manos de los mexicanos y de que el Estado era el instrumento legitimo para alcanzar la equidad. Este proceso de concientización nacional es el verdadero legado intangible de la época, una herencia que ha sido sistemáticamente atacada por los discursos hegemónicos contemporáneos que buscan reducir al ciudadano a la condición de mero consumidor. Recuperar esta dimensión subjetiva de la historia es tan crucial como analizar los datos económicos, pues nos permite entender la resistencia cultural que aún pervive en las clases populares frente a los embates del neoliberalismo.

El análisis de los pilares de la nación revela que la institucionalidad mexicana ha oscilado históricamente entre la imposición autoritaria y la debilidad estructural, sin lograr consolidar un equilibrio democrático y social. La falta de un proyecto nacional hegemónico ha permitido que los grupos de interés, tanto internos como externos, capturen las instituciones y las utilicen para su propio beneficio. En este contexto, la figura de Lázaro Cárdenas emerge no como un mesías aislado, sino como la expresión política de una necesidad histórica ineludible. Su gobierno demostró que es posible construir instituciones sólidas cuando estas están arraigadas en las demandas reales de las mayorías y cuando existe una voluntad política inquebrantable para defenderlas. La lección que se extrae de este periodo es que la democracia no puede ser reducida a un procedimiento electoral; debe ser un sistema de vida que garantice la participación efectiva de los ciudadanos en la toma de decisiones y en la distribución de la riqueza. Cuando el Estado abandona su función rectora y se limita a ser un árbitro pasivo, la sociedad se fragmenta y la violencia se convierte en el único mecanismo de resolución de conflictos, una realidad que el México actual conoce demasiado bien y que exige una respuesta inmediata.

La perspectiva analítica sobre la historia nacional nos exige descartar las visiones maniqueas y románticas para abrazar un realismo critico que reconozca tanto los éxitos como las limitaciones del proyecto cardenista.

Es un error histórico idealizar el pasado sin someterlo al escrutinio de la evidencia empírica, pero es igualmente grave caer en el cinismo posmoderno que desprecia cualquier intento de transformación social. El cardenismo tuvo sus contradicciones, sus autoritarismos y sus zonas grises, pero su balance histórico es innegablemente positivo en términos de construcción de Estado y justicia social. La arquitectura institucional que levanto permitió a México enfrentar las crisis del siglo XX con un grado de estabilidad que fue la envidia de America Latina. Desmantelar esta arquitectura bajo la premisa de que era obsoleta no solo fue un error estratégico, sino un crimen contra el futuro de las generaciones venideras. Hoy, al observar los escombros de las instituciones y la devastación del tejido social, la reflexión sobre el peso de la historia nos impone la obligación moral de rescatar lo mejor de esa tradición y adaptarla a los desafíos del siglo XXI, sin caer en las trampas de la nostalgia ni en la sumisión ante el pensamiento único.

Finalmente, el prólogo de esta obra establece que el espejo de Cárdenas no es un objeto para contemplar el pasado con melancolía, sino una herramienta para examinar las deformidades del presente. La política mexicana actual, atrapada en la visión de corto plazo y en la gestión administrativa de la miseria, carece de la altura de miras que caracterizo a los estadistas de la revolución. Los dos pilares de la nación, la soberanía y el Estado rector, han sido socavados por décadas de políticas neoliberales que han subordinado el interés nacional a los dictados de los mercados globales. Este libro se propone diseccionar este proceso de desmantelamiento, no para regodearse en la crítica, sino para extraer las lecciones necesarias que nos permitan reconstruir el proyecto nacional. La historia no se repite, pero rima, y las similitudes entre la crisis de los años treinta y la crisis actual son demasiado evidentes para ser ignoradas. Al estudiar la forja del Estado cardenista, estamos buscando las claves para forjar un nuevo Estado que responda a las complejidades de la era digital, la globalización y el cambio climático, manteniendo intacto el espíritu de dignidad y soberanía que definió a una de las épocas más gloriosas de nuestra historia.

4

INTRODUCCION: EL ESPEJO DE CARDENAS

Abordar la figura de Lázaro Cárdenas del Rio en pleno siglo XXI exige un desprendimiento radical de los prejuicios ideológicos dominantes y una disposición genuina para analizar los hechos históricos en su verdadera dimensión. En una época donde el pensamiento único neoliberal ha logrado imponer la narrativa de que no existe alternativa al mercado, recordar el proyecto cardenista es un acto de rebeldía intelectual y política. Cárdenas no fue un simple administrador de turnos; fue el arquitecto de un Estado que asumió la responsabilidad de proteger a los vulnerables, redistribuir la riqueza y defender los recursos estratégicos de la depredación extranjera. Su legado trasciende la anecdótica política para convertirse en un manual de supervivencia institucional para las naciones en desarrollo. Al mirar hacia su sexenio, no buscamos copiar formulas anacrónicas, sino comprender la lógica profunda que le permitió tomar decisiones de alto riesgo con un éxito rotundo. El espejo de Cárdenas nos devuelve la imagen de un México que se atrevió a ser soberano, un contraste doloroso con el México actual, que ha aceptado con resignación la subordinación económica y la pérdida de su capacidad de decisión autónoma frente a las potencias globales.

La metodología de este análisis se fundamenta en la confrontación directa entre la teoría y la práctica, entre los postulados del proyecto cardenista y la realidad empírica del México contemporáneo. No nos limitaremos a la descripción hagiográfica de los logros de los años treinta, sino que someteremos cada política publica al escrutinio de su impacto a largo plazo y de su viabilidad en el contexto actual. La expropiación petrolera, el reparto agrario, la educación socialista y la política de asilo son examinados no como monumentos de bronce, sino como procesos dinámicos que generaron tensiones, resistencias y contradicciones. Este enfoque critico nos permite separar el núcleo esencial del cardenismo, que es la defensa intransigente de la soberanía y la justicia social, de sus formas históricas específicas que pueden haber quedado obsoletas. Al establecer este dialogo entre el pasado y el presente, buscamos demostrar que las soluciones a los problemas actuales de México no pueden encontrarse en la profundización del modelo fallido de las ultimas décadas, sino en una relectura actualizada de los principios que hicieron grande a la nación y que aún resuenan en el imaginario colectivo.

El contraste entre el proyecto de Cárdenas y las fallas del Estado mexicano moderno revela una fractura ontológica en la forma de entender la relación entre gobierno y sociedad. Mientras que el cardenismo concibió al Estado como el motor de la transformación social y el garante de los derechos colectivos, el Estado contemporáneo se ha reducido a un ente gestor, incapaz de proyectar un futuro y obsesionado con la austeridad y el equilibrio fiscal. Esta reducción del horizonte político ha tenido consecuencias devastadoras en la capacidad del país para enfrentar desafíos como la desigualdad, la violencia y la dependencia tecnológica. La privatización de los recursos estratégicos, el abandono del campo y la desregulación laboral no son simples ajustes económicos; son la manifestación de una derrota ideológica que ha despojado al Estado de su capacidad rectora. Al analizar estas políticas a la luz del espejo cardenista, se hace evidente que la supuesta modernización del país fue en realidad un proceso de desmantelamiento sistemático de las instituciones que garantizaban la cohesión social. Este libro expone como la renuncia a la rectoría económica ha convertido a México en un país más pobre, más desigual y más vulnerable a las crisis globales.

La dimensión latinoamericana de este análisis es ineludible, pues el proyecto cardenista no puede comprenderse aislado del contexto regional ni de las luchas globales por la emancipación. El falso progresismo que ha proliferado en America Latina en el siglo XXI, caracterizado por una retórica transformadora pero carente de reformas estructurales, contrasta dramáticamente con la audacia y la profundidad de las medidas cardenistas. Mientras muchos gobiernos de la región se han limitado a administrar el modelo neoliberal con un rostro más humano, Cárdenas se atrevió a cambiar las reglas del juego, confrontando a los poderes facticos y redefiniendo la propiedad de los medios de producción. Este contraste nos permite identificar los errores y las omisiones de los liderazgos contemporáneos, que a menudo caen en la trampa del mesianismo personalista en detrimento de la construcción institucional. La debilidad geopolítica de America Latina frente a los nuevos bloques de poder global exige una reflexión profunda sobre porque la región no ha logrado consolidar proyectos de integración y soberanía comparables al nacionalismo revolucionario mexicano. El espejo de Cárdenas nos obliga a preguntarnos si la región está condenada a la subordinación o si aún existe la capacidad política para forjar un nuevo destino común.

Finalmente, la brújula de Cárdenas para el futuro se presenta no como un retorno romántico al pasado, sino como una propuesta pragmática para enfrentar los desafíos de la era digital y la globalización. La soberanía en el siglo XXI no se limita al control de los recursos naturales; incluye la protección de los datos, la independencia tecnológica, la transición energética y la defensa del trabajo frente a la precarización de la economía de plataformas. Rescatar el espíritu cardenista significa adaptar sus principios fundamentales a estas nuevas realidades, construyendo un Estado de bienestar que sea capaz de garantizar la seguridad, la educación y la salud en un mundo hiperconectado y desigual. La conclusión de esta introducción es clara: el legado de Lázaro Cárdenas no es una reliquia del museo de la historia, sino un manual de instrucciones para la supervivencia institucional de México. Al cerrar este libro, el lector no solo habrá comprendido la magnitud de lo que fuimos y lo que perdimos, sino que habrá adquirido las herramientas intelectuales para imaginar y construir lo que podemos volver a ser. La sombra del General no es un peso muerto, sino el refugio necesario para gestar la luz de un nuevo amanecer nacional.

5

PARTE I: LA FORJA DEL ESTADO Y LA SOBERANIA

CAPITULO 1. LA HERENCIA FRAGMENTADA: DE LA REFORMA JUARISTA A LA REVOLUCION MEXICANA

La herencia histórica de México a finales del siglo XIX y principios del XX se configuro como un territorio de profundas contradicciones, donde la Reforma Juarista había establecido los cimientos jurídicos de una nación laica y republicana, pero sin lograr penetrar en las estructuras económicas y sociales que mantenían a la mayoría de la población en la marginación. La promesa de igualdad ante la ley choco frontalmente con la realidad de un país rural, analfabeto y desposeído, donde la propiedad de la tierra se concentraba en pocas manos y las comunidades originarias veían como sus derechos colectivos eran sistemáticamente ignorados por un Estado que, en su afán por modernizar, privilegio el orden por encima de la justicia. Este periodo de transición no fue una línea recta hacia el progreso, sino un campo de batalla ideológico y material donde las instituciones recién nacidas carecían de la fuerza coercitiva y la legitimidad social necesarias para imponer un proyecto nacional integrador. La fragmentación política y territorial se convirtió en el sello de una época en la que la ausencia de un pacto social solido dejo el camino expedito para que el descontento popular se canalizara eventualmente hacia la violencia revolucionaria, demostrando que las leyes por si solas no transforman realidades materiales si no están acompañadas de una voluntad política inquebrantable.

El análisis de la Reforma Juarista revela que, si bien logro consolidar la soberanía nacional frente a la intervención extranjera y sentar las bases del Estado laico, fracasó estrepitosamente en resolver la cuestión agraria y en incorporar a las masas indígenas y campesinas al proyecto de nación. Las leyes de desamortización de los bienes de manos muertas, diseñadas para crear una clase de pequeños propietarios rurales, terminaron por despojar a las comunidades indígenas de sus tierras comunales, entregándolas a especuladores y caciques locales que engrosaron los latifundios. Este proceso de acumulación originaria, disfrazado de modernización liberal, genero una proletarización rural masiva y profundizo las desigualdades que habían caracterizado al virreinato. La visión juarista, eminentemente urbana y letrada, subestimo la fuerza de las tradiciones comunitarias y la resistencia de los pueblos que veían en la tierra no solo un medio de producción, sino el fundamento de su identidad y supervivencia. La herencia de esta contradicción entre el Estado legal y el país real se arrastraría durante décadas, convirtiéndose en el combustible principal que alimentaria el estallido revolucionario de 1910 y que obligaría a las generaciones posteriores a replantear la naturaleza misma de la propiedad.

La transición del México independiente al México porfirista estuvo marcada por la imposición del orden a costa de la libertad, consolidando un modelo de desarrollo que beneficiaba a una minoría privilegiada mientras condenaba a la mayoría a la miseria. El liberalismo ortodoxo de la época, ciego a las particularidades sociales del país, aplico recetas económicas que fomentaron la dependencia externa y la concentración de la riqueza. La construcción de la infraestructura ferroviaria y la modernización de las ciudades se realizaron mediante la entrega de concesiones generosas a capitales extranjeros, hipotecando el futuro de los recursos naturales nacionales. Este modelo de crecimiento hacia afuera, sustentado en la exportación de materias primas y la importación de manufacturas, destruyo la incipiente industria nacional y arruino a los pequeños productores agrícolas. La paz porfiriana, tan cacareada por sus apologistas, era en realidad la paz de los panteones, mantenida mediante la represión sistemática de cualquier disidencia y la explotación brutal de la fuerza de trabajo en las haciendas, las minas y los valles industriales. La ilusión de la prosperidad en los centros urbanos no podía ocultar la realidad de un país al borde del colapso, donde la falta de movilidad social y la ausencia de canales democráticos para la expresión del descontento hacían inevitable la explosión social.

La Revolución Mexicana, en su primera etapa, no fue un movimiento homogéneo con un programa claro y definido, sino la expresión violenta de las múltiples contradicciones acumuladas durante décadas de porfiriato. El levantamiento maderista, inicialmente impulsado por las clases medias y la burguesía liberal decepcionada, rápidamente desbordo los cauces institucionales y fue adoptado por las masas campesinas y obreras que exigían cambios estructurales inmediatos. La caída de Porfirio Diaz no resolvió los problemas de fondo; por el contrario, abrió la caja de Pandora de las demandas sociales reprimidas, desatando una guerra civil donde cada facción luchaba por su propia visión de México. La lucha entre el constitucionalismo, el villismo y el zapatismo no fue solo una contienda militar, sino un debate sangriento sobre el modelo de nación que se quería construir. Mientras Villa y Zapata exigían la restitución de las tierras y la justicia social inmediata, Carranza y Obregón buscaban restaurar el orden estatal y garantizar la propiedad privada. Esta tensión entre la revolución social y la revolución política definiría las siguientes décadas de la historia mexicana, y solo sería resuelta, temporalmente, mediante la imposición del Estado cardenista, que logro sintetizar las demandas de las masas en un proyecto institucional viable y duradero.

La herencia fragmentada que recibió Lázaro Cárdenas al llegar a la presidencia en 1934 era el resultado de un proceso revolucionario que había logrado destruir el viejo orden, pero que aún no había logrado consolidar uno nuevo. Los gobiernos posrevolucionarios habían intentado institucionalizar el movimiento, pero lo habían hecho traicionando sus principios fundamentales y aliándose con los grupos de poder que la revolución pretendía destruir. El país estaba exhausto, dividido y sumido en una crisis económica global que amenazaba con desestabilizar los frágiles equilibrios alcanzados. Cárdenas comprendido que la única forma de evitar que la revolución degenerara en una dictadura militar o en una anarquía caótica era implementar las reformas estructurales que las masas exigían. La fragmentación de la herencia juarista y porfirista, sumada a la violencia de la revolución, exigía un liderazgo que tuviera la visión para unir al país y la fuerza para imponer su autoridad. El cardenismo no nació de la nada; fue la respuesta necesaria y urgente a una historia de desigualdades no resueltas, de promesas incumplidas y de un pueblo que, después de haber derramado su sangre, exigía que el sacrificio tuviera un sentido. La forja del Estado y la soberanía comenzaba aquí, en la decisión de no claudicar ante las presiones internas y externas y de apostar por un proyecto de nación inclusivo y soberano.

6

CAPITULO 2. EL PORFIRIATO COMO ESPEJISMO: CRECIMIENTO SIN DISTRIBUCION FRENTE AL MODELO ACTUAL

El Porfiriato se erigió en la historia oficial como la era de la modernización y el progreso, una narrativa cuidadosamente construida para ocultar las profundas grietas de un modelo de desarrollo basado en el crecimiento macroeconómico desvinculado de cualquier criterio de distribución de la riqueza. Durante más de tres décadas, México experimentó una expansión significativa de su infraestructura ferroviaria, la modernización de sus puertos y la inserción acelerada en los mercados globales, logros que fueron celebrados por las élites locales y los inversionistas extranjeros como la prueba irrefutable del éxito del régimen. Sin embargo, este espejismo de prosperidad se sustentaba sobre los cimientos de una desigualdad estructural que condenaba a la inmensa mayoría de la población a la miseria, el analfabetismo y la explotación sistemática. La riqueza generada por el trabajo nacional no se reinvertía en el desarrollo del capital humano ni en la creación de un mercado interno robusto, sino que era repatriada por las corporaciones extranjeras o acumulada por una oligarquía terrateniente que vivía de espaldas a la realidad del país. Esta dinámica de crecimiento sin distribución encuentra un paralelo inquietante en el modelo económico actual, donde los indicadores macroeconómicos de estabilidad financiera y atracción de inversiones se utilizan como propaganda política, mientras que los salarios reales se estancan, la pobreza se cronifica y la brecha entre los extremos sociales se ensancha de manera obscena, demostrando que la modernización sin justicia social es simplemente la antesala del colapso.

La desarticulación del tejido agrario durante el Porfiriato constituye uno de los crímenes económicos y sociales más graves de la historia de México, sentando las bases materiales del estallido revolucionario. Bajo el amparo de leyes liberales como la Ley Lerdo, que en teoría buscaba fomentar la pequeña propiedad, se ejecutó un despojo sistemático y legalizado de las tierras comunales de los pueblos indígenas y las comunidades campesinas. Los mecanismos de medición y titulación, controlados por compañías deslindadoras con amplios poderes discrecionales, permitieron que millones de hectáreas pasaran a manos de unos pocos hacendados y especuladores, convirtiendo a los antiguos propietarios colectivos en peones acasillados o jornaleros errantes. Este proceso no solo destruyó los modos de vida tradicionales y la autonomía de las comunidades, sino que también frenó el desarrollo agrícola al concentrar la tierra en latifundios que a menudo se mantenían improductivos por especulación o falta de tecnología. La situación actual del campo mexicano, caracterizada por el abandono de las políticas de fomento, la dependencia de las importaciones de granos básicos y la entrega de territorios a megaproyectos extractivistas o agroindustriales sin el consentimiento de las comunidades, representa una continuidad perversa de esa lógica porfirista. En ambos casos, el campesino es tratado como un obstáculo para el progreso o como mano de obra barata, negándole su derecho fundamental a la tierra y a la soberanía alimentaria.

La explotación laboral durante el régimen porfirista se caracterizó por la ausencia total de derechos, la represión violenta de cualquier intento de organización y la imposición de condiciones de trabajo que bordeaban la esclavitud en sectores estratégicos como la minería, la industria textil y las plantaciones. Las famosas tiendas de raya, el endeudamiento hereditario y el uso de la fuerza pública para quebrar huelgas, como las de Cananea y Río Blanco, eran herramientas cotidianas para mantener a la clase trabajadora en un estado de sumisión absoluta. El Estado no actuaba como un árbitro entre el capital y el trabajo, sino como el brazo armado de los empresarios, garantizando que la plusvalía extraída de los trabajadores mexicanos maximizara las ganancias de los accionistas extranjeros. Hoy en día, aunque las formas de explotación han mutado y se han sofisticado, la esencia de esta relación de poder permanece intacta en muchos sectores de la economía. La proliferación de la subcontratación, la economía de plataformas y la precarización laboral bajo el eufemismo de la flexibilidad y la competitividad, han erosionado las conquistas históricas del movimiento obrero. Al igual que en el Porfiriato, se exige al trabajador máximo rendimiento con mínimas garantías, mientras que el Estado contemporáneo, en lugar de proteger los derechos laborales, a menudo facilita la desregulación para atraer inversiones, traicionando su obligación constitucional de garantizar el trabajo decente.

La entrega de los recursos estratégicos nacionales al capital extranjero fue la piedra angular del modelo de desarrollo porfirista, una política que hipotecó el futuro de la nación a cambio de un crecimiento efímero y dependiente. Ferrocarriles, minas y, sobre todo, el incipiente sector petrolero, fueron concesionados a empresas extranjeras que operaban como verdaderos estados dentro del estado, exentas de impuestos, sometidas a sus propias leyes y con la capacidad de influir directamente en las decisiones del gobierno mexicano. Las ganancias generadas por la explotación de estos recursos no se traducían en desarrollo nacional, sino que fluían hacia las metrópolis financieras de Londres y Nueva York, dejando en México solo los pasivos ambientales, la explotación de la fuerza de trabajo y una infraestructura diseñada exclusivamente para la extracción y exportación. Este esquema de dependencia estructural resuena con fuerza en el México del siglo XXI, donde la apertura indiscriminada a la inversión extranjera en sectores estratégicos, la falta de una política industrial soberana y la subordinación a los tratados comerciales han impedido la formación de cadenas de valor nacionales. La soberanía energética y tecnológica sigue siendo una asignatura pendiente, y la ilusión de que la inversión extranjera por sí sola traerá desarrollo es el mismo espejismo que ya costó al país una revolución sangrienta hace poco más de un siglo.

La rigidez política del Porfiriato y su incapacidad para canalizar las demandas sociales a través de mecanismos institucionales democráticos sellaron su destino y provocaron su colapso inevitable. La política de pan o palo, que combinaba el cohecho con la represión, mantuvo una apariencia de estabilidad durante años, pero solo logró acumular presiones que, al no encontrar válvulas de escape pacíficas, terminaron por estallar con una violencia incontrolable. El envejecimiento del régimen, la falta de una sucesión institucional clara y la arrogancia de una élite que creía en su propia infalibilidad, la volvieron sorda a las señales de advertencia que provenían de todos los rincones del país. Esta lección histórica es de una vigencia aplastante para la política mexicana contemporánea. Cuando un sistema político prioriza la estabilidad de las élites y la lealtad de los aparatos burocráticos por encima de la justicia social y la renovación democrática, se convierte en un gigante con pies de barro. La historia nos enseña que no existe paz duradera sin justicia, y que cualquier intento de perpetuar un modelo de exclusión, ya sea mediante el autoritarismo clásico o mediante el cinismo de las democracias gestionadas, solo siembra las semillas de su propia destrucción, haciendo que la ruptura y la refundación, como la que lideró Cárdenas, sean no solo deseables, sino históricamente necesarias.

7

CAPITULO 3. MADERO Y LA DEBILIDAD INSTITUCIONAL: CUANDO LA DEMOCRACIA NO BASTA

La figura de Francisco I. Madero representa la tragedia paradigmática de creer que la emancipación política puede sostenerse en el vacío de la justicia material. Su llegada al poder tras el triunfo revolucionario estuvo marcada por un idealismo democrático inquebrantable, pero carente de una visión estructural sobre la distribución de la riqueza y la propiedad. Madero concibió la revolución fundamentalmente como un restablecimiento de la legalidad constitucional y la sucesión presidencial efectiva, ignorando que las masas que habían empuñado las armas no luchaban solo por el derecho al voto, sino por la tierra, el salario digno y la recuperación de los recursos nacionales. Esta desconexión entre la superestructura política y la base económica generó una crisis de legitimidad inmediata. Al intentar gobernar con las mismas instituciones, las mismas leyes y los mismos aparatos burocráticos que habían oprimido al pueblo durante décadas, Madero demostró que la democracia formal es un cascarón vacío si no está sostenida por una transformación radical de las condiciones materiales de existencia. Esta lección sigue siendo brutalmente vigente en la política contemporánea, donde múltiples transiciones democráticas en el mundo han fracasado al no desmantelar los núcleos de poder económico que secuestran la voluntad popular.

La debilidad institucional del maderismo se cristalizó en su negativa a purgar y reestructurar los aparatos coercitivos y administrativos del antiguo régimen. Madero confió ingenuamente en que el ejército porfirista, la burocracia corrupta y los cacicazgos regionales respetarían el nuevo orden democrático simplemente porque había sido refrendado por las urnas. Esta omisión estratégica fue fatal, pues permitió que los engranajes del viejo Estado operaran en contra del nuevo gobierno, saboteando desde adentro las incipientes reformas y facilitando la conspiración reaccionaria. La historia enseña que no se puede edificar una nueva república sobre los cimientos podridos de la tiranía anterior sin una ruptura consciente y planificada con las viejas élites. El Estado no es un ente neutral; es un campo de batalla donde las instituciones reflejan los intereses de la clase que las controla. Al no comprender esta dialéctica del poder, Madero dejó intacta la maquinaria de la opresión, la cual eventualmente se volvió contra él. En la actualidad, los proyectos progresistas que intentan transformar la sociedad sin tomar el control real de las instituciones de justicia, seguridad y administración pública, están condenados a repetir el mismo destino trágico, siendo devorados por el estado profundo que juraron reformar.

El tratamiento de la cuestión agraria durante el breve mandato de Madero ilustra de manera dolorosa el abismo que separa el legalismo abstracto de la necesidad histórica concreta. Mientras Emiliano Zapata exigía la restitución inmediata de las tierras comunales mediante el Plan de Ayala, Madero respondía con llamados a la paciencia, al respeto a la propiedad privada y a la espera de que los mecanismos legislativos resolvieran el conflicto. Esta postura revelaba una incomprensión fundamental de la naturaleza de la revolución en curso: el campesinado no podía esperar a que los congresos debatieran mientras seguía sometido a la servidumbre en las haciendas. La tragedia maderista radica en haber confundido la justicia con la legalidad, asumiendo que las leyes porfiristas, una vez democratizadas, podrían resolver un problema que requería una expropiación revolucionaria. Este error de cálculo no solo alienó a su base social más numerosa y combativa, sino que le quitó el apoyo popular necesario para defender su gobierno ante la traición militar. Hoy, cuando los gobiernos se limitan a reconocer derechos sociales en el papel sin dotarlos de presupuesto ni de mecanismos de exigibilidad real, están replicando la misma ceguera maderista, ofreciendo una ciudadanía de papel a poblaciones que requieren emancipación material.

El sabotaje económico y la conspiración internacional que culminaron en la Decena Trágica evidencian que la soberanía política es insostenible sin independencia económica. Los intereses de la oligarquía terrateniente, aliada con el capital extranjero, particularmente el embajador estadounidense Henry Lane Wilson y las compañías petroleras y mineras, retiraron su apoyo al gobierno de Madero en cuanto este intentó aplicar mínimas regulaciones o simplemente perdió el control del orden público. La prensa financiada por estos intereses desató una campaña de desprestigio brutal, y el financiamiento de la rebelión huertista demostró que el capital transnacional no dudaría en destruir una democracia si esta amenazaba sus privilegios o introducía un mínimo de desorden en sus márgenes de ganancia. Madero fue asesinado no solo por la ambición de sus generales, sino porque representaba un orden democrático que, al no ser económicamente soberano, era percibido como una amenaza por los poderes fácticos. Esta dinámica se repite con escalofriante precisión en el siglo XXI, donde los mercados financieros y las corporaciones globales castigan con fuga de capitales y bloqueos mediáticos a cualquier gobierno que intente priorizar el bienestar nacional sobre la rentabilidad privada.

El martirio de Madero y la subsecuente dictadura de Victoriano Huerta marcaron el fin de la ilusión de que la mera voluntad democrática puede derrotar a las estructuras de la opresión. La Decena Trágica no fue un accidente histórico, sino la consecuencia lógica de un poder que carecía de las herramientas materiales y coercitivas para defenderse. La lección que extrae el análisis profundo de este periodo es que la democracia no es un estado natural ni un regalo de las élites, sino una conquista que debe ser armada y defendida diariamente contra sus enemigos internos y externos. El fracaso de Madero allanó el camino para que las facciones revolucionarias más radicales comprendieran que la toma del palacio nacional era insuficiente si no se destruía el ejército federal, si no se expropiaba a los latifundistas y si no se nacionalizaban los recursos. Este doloroso aprendizaje fue el que permitió, años más tarde, que Lázaro Cárdenas no cometiera los mismos errores, entendiendo que la democracia requiere un Estado fuerte, un pueblo organizado y una economía soberana. Madero, con su pureza moral y su trágico final, nos recuerda que la ética en la política, si no está acompañada de una estrategia de poder inquebrantable, se convierte en un sacrificio estéril.

8

CAPITULO 4. EL ASCENSO DE LAZARO CARDENAS: ROMPER EL MAXIMATO Y REFUNDAR EL PODER

El ascenso de Lázaro Cárdenas a la presidencia de la República en mil novecientos treinta y cuatro no puede comprenderse sin analizar la naturaleza profundamente corrupta y oligárquica del Maximato, periodo en el cual Plutarco Elías Calles ejerció el poder real desde las sombras, manipulando a presidentes títeres como un mecanismo de control político y preservación de privilegios. La selección de Cárdenas como candidato oficial fue, en sus orígenes, un cálculo cínico de la élite callista, quienes percibieron en el general michoacano a un militar austero, disciplinado y carente de una base política independiente, características que, en su miopía estratégica, interpretaron como sinónimos de docilidad y facilidad para ser manipulado. Sin embargo, esta subestimación del perfil psicológico y la visión histórica de Cárdenas constituyó el error fatal del Maximato, pues ignoraron que la austeridad y el silencio del general no eran producto de la sumisión, sino de una profunda convicción moral y una capacidad de observación analítica que le permitía desentrañar las podredumbres del régimen. Al asumir el cargo, Cárdenas se encontró con un Estado secuestrado, donde las instituciones republicanas eran meras fachadas para la dictadura de un caudillo que había traicionado los ideales de la revolución para convertir el poder público en un instrumento de enriquecimiento personal y control faccioso, un escenario que exigía una ruptura inmediata y contundente para evitar la consolidación definitiva de una oligarquía postrevolucionaria.

La estrategia política desplegada por Cárdenas durante los primeros meses de su mandato revela una maestría táctica que combinó la paciencia institucional con una audacia revolucionaria sin precedentes, desarticulando el andamiaje del Maximato desde adentro sin provocar una guerra civil prematura. Lejos de someterse a los dictados de Calles, el nuevo presidente inició una gira exhaustiva por todo el territorio nacional, una caravana presidencial que no tuvo el carácter de un simple paseo protocolario, sino que funcionó como un instrumento de legitimación directa y de inteligencia política. Al recorrer los caminos polvorientos de la república, Cárdenas estableció un contacto visceral con las masas campesinas y obreras, escuchando sus demandas y prometiendo reformas estructurales, construyendo así una base de legitimidad popular que operaba al margen y por encima de las maquinarias burocráticas controladas por el jefe Máximo. Este ejercicio de soberanía popular directa le permitió identificar a los caciques locales, medir el pulso del descontento social y tejer una red de lealtades que no dependía de los hilos de la vieja guardia callista. Mientras la élite política de la capital se burlaba de sus modales rústicos y su aparente ingenuidad, Cárdenas estaba refundando el pacto social, demostrando que el verdadero poder no reside en los despachos de la burocracia, sino en la capacidad de interpretar y canalizar las aspiraciones profundas de la nación.

La ruptura definitiva con el Maximato se materializó a principios de mil novecientos treinta y cinco, cuando Cárdenas ejecutó una maniobra política de precisión quirúrgica que cambió para siempre la arquitectura del poder en México. Ante los intentos de Calles por mantener el control y las crecientes presiones de los sectores reaccionarios para frenar las incipientes reformas, el presidente decidió que la convivencia con el poder fáctico era incompatible con la supervivencia del proyecto nacional. En una decisión que demostró un coraje político extraordinario, Cárdenas destituyó a los principales colaboradores de Calles en el gabinete y en el aparato de seguridad, y procedió a exiliar al jefe Máximo del país, acabando así con la farsa de la diarquía y asumiendo el mando absoluto de la nación. Este acto no fue un simple golpe de estado interno, sino la refundación del poder ejecutivo, estableciendo el principio de que la presidencia de la República debía ser la institución suprema, libre de tutelas militares o políticas, y subordinada únicamente a los intereses de la patria. Al expulsar a Calles, Cárdenas envió un mensaje inequívoco a todas las facciones y grupos de interés: la revolución había terminado de ser un botín de guerra para convertirse en un proyecto de Estado, y cualquier intento de utilizar las instituciones para fines particulares sería aplastado con la misma contundencia con la que se había derrotado a la dictadura porfirista.

La consolidación de este nuevo poder requirió una reestructuración profunda del aparato estatal y, fundamentalmente, una redefinición del papel de las fuerzas armadas en la vida nacional. Cárdenas comprendió que un Estado moderno y soberano no podía depender de la lealtad personal de los caudillos regionales, sino que necesitaba un ejército institucional, profesionalizado y subordinado al poder civil. Para lograrlo, no solo purgó a los generales corruptos y ambiciosos, sino que transformó la misión del ejército, asignándole tareas de desarrollo social, construcción de infraestructura y educación rural, integrando a la institución castrense en el proyecto de nación. Esta maniobra desactivó el peligro del pretorianismo y convirtió a los militares en garantes de la estabilidad institucional en lugar de árbitros de las disputas políticas. Paralelamente, el presidente procedió a desmantelar las redes de cacicazgo que controlaban las gobernaciones y los sindicatos, reemplazando a los operadores políticos corruptos por funcionarios técnicos y leales al proyecto cardenista. Esta depuración del Estado fue esencial para garantizar que las políticas públicas de redistribución de la tierra y nacionalización de los recursos no fueran saboteadas desde la propia administración, demostrando que la buena voluntad política es inútil si no se cuenta con un aparato burocrático capaz y comprometido con la transformación social.

El análisis profundo de este quiebre histórico con el Maximato ofrece lecciones ineludibles para la política contemporánea, donde la subordinación de los líderes a los poderes fácticos se ha convertido en la norma destructiva de las naciones latinoamericanas. La valentía de Cárdenas para romper con la estructura que lo encumbró, al comprender que dicha estructura era incompatible con el bienestar nacional, contrasta dramáticamente con la cobardía de los gobernantes actuales que prefieren negociar su dignidad y la soberanía de sus pueblos antes que confrontar a los mercados financieros, las élites mediáticas o las embajadas extranjeras. La refundación del poder cardenista nos enseña que el liderazgo verdadero no consiste en administrar el statu quo con eficiencia administrativa, sino en tener la visión y la fuerza para transformar las estructuras de dominación, asumiendo los costos políticos y personales que ello implica. En un siglo XXI caracterizado por la hegemonía del pensamiento único y la captura del Estado por intereses transnacionales, el ejemplo de Cárdenas se erige como un faro de resistencia, recordándonos que la independencia política exige la ruptura consciente con cualquier forma de tutela, ya sea interna o externa, y que la verdadera grandeza de un estadista se mide por su capacidad para devolverle al pueblo la soberanía que le ha sido arrebatada, aunque ello signifique quedar a la sombra de la historia oficial escrita por sus enemigos.

9

CAPITULO 5. LA FILOSOFIA CARDENISTA: EL ESTADO COMO ARBITRO SUPREMO DEL CAPITAL Y EL TRABAJO

La filosofía política de Lázaro Cárdenas del Río no puede reducirse a un simple catálogo de medidas administrativas ni a una reacción coyuntural ante la crisis de los años treinta, sino que constituye un cuerpo doctrinario coherente que redefinió la naturaleza misma del Estado mexicano y su relación con las fuerzas productivas de la nación. En el núcleo de esta visión se encuentra la concepción del gobierno no como un espectador pasivo del juego entre oferta y demanda, ni como un instrumento al servicio de una clase dominante, sino como el árbitro supremo e inapelable entre el capital y el trabajo, dotado de la autoridad moral y la fuerza material para imponer el interés colectivo sobre las ambiciones particulares. Esta posición filosófica no surgió de la especulación académica ni de la importación acrítica de modelos extranjeros, sino de la experiencia directa de un hombre que recorrió los caminos polvorientos de Michoacán, que presenció la miseria del peón acasillado y la arrogancia del hacendado, y que comprendió en carne propia que la libertad política es una ficción cruel cuando no está sostenida por la independencia económica. Cárdenas entendió que el Estado liberal decimonónico, ese árbitro mínimo que se limitaba a garantizar la propiedad privada y el cumplimiento de los contratos, era funcional únicamente a los intereses de quienes ya poseían capital, y que su supuesta neutralidad era en realidad la forma más sofisticada de opresión. Por tanto, la refundación del Estado debía pasar necesariamente por la asunción de una rectoría económica activa, planificadora y redistributiva, que corrigiera las asimetrías estructurales del mercado y garantizara que el fruto del trabajo nacional beneficiara a quienes lo producían y no únicamente a quienes lo administraban desde la distancia de los consejos de administración.

El posicionamiento ideológico del cardenismo frente a las dos grandes corrientes hegemónicas de su época revela una originalidad teórica que ha sido sistemáticamente minimizada por la historiografía liberal y la ortodoxia marxista. Cárdenas rechazó con la misma firmeza tanto el liberalismo económico ortodoxo, que pretendía someter el destino de las naciones a las leyes impersonales del mercado global, como el colectivismo soviético, que suprimía la propiedad privada y la iniciativa individual en nombre de una planificación centralizada que aniquilaba las libertades civiles. En su lugar, propuso un nacionalismo revolucionario que reconocía la función social de la propiedad privada, tolerando su existencia siempre que cumpliera con obligaciones concretas de producción, empleo y pago de impuestos, pero reservando al Estado el control absoluto de los sectores estratégicos y la capacidad de intervención cuando el interés público lo exigiera. Esta tercera vía, que no era un compromiso tibio entre extremos sino una síntesis dialéctica con fundamentos propios, se nutrió de la tradición comunitaria de los pueblos originarios, del constitucionalismo social de la Carta de mil novecientos diecisiete y de la experiencia concreta de la revolución agraria. El Estado cardenista no buscaba abolir el capitalismo, sino domesticarlo, someterlo a las necesidades del desarrollo nacional y evitar que sus lógicas de acumulación destruyeran el tejido social. Esta posición filosófica, que hoy sería calificada despectivamente como populismo por los guardianes del pensamiento único, demostró en la práctica que es posible construir una economía mixta dinámica, con crecimiento sostenido y distribución equitativa, sin caer en los excesos autoritarios del estatismo totalitario ni en la barbarie desregulada del libre mercado absoluto.

La implementación práctica de esta filosofía en el ámbito de las relaciones laborales transformó radicalmente la correlación de fuerzas entre patrones y trabajadores, estableciendo un marco institucional que dignificó el trabajo como el fundamento de la ciudadanía y no como una mercancía más sujeta a las fluctuaciones del mercado. Cárdenas comprendió que la justicia social no podía depender de la buena voluntad del empresario ni de la caridad patronal, sino que debía ser garantizada por la ley y defendida por un Estado dispuesto a usar su poder coercitivo contra quienes la vulneraran. La creación de la Confederación de Trabajadores de México y el fortalecimiento de los sindicatos como interlocutores legítimos del poder público no fueron actos de clientelismo político, sino la materialización de una convicción filosófica profunda: que el trabajador organizado es el contrapeso necesario al poder del capital, y que sin esta organización colectiva la negociación individual se convierte inevitablemente en una relación de sumisión. La jornada de ocho horas, el salario mínimo, el derecho a la huelga, la seguridad social y la estabilidad en el empleo dejaron de ser aspiraciones abstractas para convertirse en derechos exigibles, protegidos por tribunales laborales y por la voluntad política del ejecutivo. Esta arquitectura de protección laboral no solo mejoró las condiciones materiales de millones de familias, sino que transformó la psicología colectiva del trabajador mexicano, que dejó de percibirse como un siervo agradecido para asumirse como un ciudadano con derechos inalienables. El contraste con la realidad laboral contemporánea, marcada por la precarización, la subcontratación fraudulenta y la erosión sistemática de las conquistas sindicales, revela la magnitud de la regresión que ha sufrido el país al abandonar esta filosofía protectora.

La concepción cardenista de la soberanía nacional como un concepto indivisible, que abarca simultáneamente la independencia política, la autonomía económica y la integridad cultural, constituye el eje articulador de toda su arquitectura filosófica y la razón última de sus decisiones más audaces. Para Cárdenas, no existía soberanía real mientras los recursos del subsuelo pertenecieran a corporaciones extranjeras, mientras la tierra estuviera concentrada en latifundios improductivos, mientras la educación reprodujera los valores de las élites coloniales y mientras la política exterior se subordinará a los dictados de las potencias hegemónicas. Esta visión integral de la soberanía implicaba que el Estado debía ejercer un control efectivo sobre todos los nodos estratégicos de la economía y la cultura, no por un afán totalitario de poder, sino porque la experiencia histórica había demostrado que cualquier cesión de soberanía en un ámbito se traducía inevitablemente en la pérdida de autonomía en todos los demás. La nacionalización del petróleo, el reparto agrario masivo, la educación socialista y la política de asilo no fueron medidas aisladas ni improvisadas, sino expresiones coherentes de una misma convicción filosófica: que México solo sería libre cuando controlara su propio destino en todos los órdenes de la vida colectiva. Esta lección es de una vigencia desgarradora en el contexto actual, donde la soberanía energética ha sido fragmentada, la soberanía alimentaria ha sido sacrificada en el altar del libre comercio, la soberanía cultural ha sido erosionada por la homogeneización mediática y la soberanía política ha sido condicionada por la dependencia financiera y la injerencia de organismos internacionales que dictan las políticas económicas nacionales.

El legado filosófico del cardenismo trasciende la coyuntura histórica de los años treinta para ofrecer un marco analítico indispensable para comprender y enfrentar las crisis del siglo veintiuno. En una época dominada por la financiarización de la economía, la concentración obscena de la riqueza en manos de unas pocas corporaciones tecnológicas globales y la precarización generalizada del trabajo, la idea de un Estado árbitro supremo que subordine el capital al bienestar colectivo no es una reliquia anacrónica, sino la única respuesta racional a la barbarie del mercado autorregulado. La filosofía cardenista nos enseña que el desarrollo no es un proceso natural ni automático, sino una construcción política deliberada que requiere voluntad, planificación y la disposición de confrontar a los poderes establecidos. Nos recuerda que la democracia sin justicia social es una farsa, que la libertad sin igualdad es privilegio, y que la soberanía sin control de los recursos estratégicos es una ilusión retórica. Al mismo tiempo, nos advierte contra los riesgos del autoritarismo, del corporativismo degenerado y de la sustitución de la participación popular por la tutela paternalista del Estado. Recuperar esta filosofía no significa replicar mecánicamente las políticas de mil novecientos treinta y ocho, sino actualizar sus principios fundamentales para enfrentar los desafíos de la economía digital, la crisis climática y la nueva geopolítica multipolar. La sombra del General no es un manto que oscurece el presente, sino un refugio intelectual desde el cual es posible imaginar un futuro donde el Estado vuelva a ser el escudo de los desprotegidos y el árbitro inquebrantable entre la codicia del capital y la dignidad del trabajo, una tarea que sigue siendo, como entonces, la condición indispensable para la supervivencia de la nación.

10

CAPITULO 6. LA EXPROPIACION PETROLERA DE 1938: ANATOMIA DE UNA DECISION GEOPOLITICA

La industria petrolera en México durante las primeras décadas del siglo veinte operaba como un verdadero estado dentro del estado, controlada casi en su totalidad por compañías extranjeras que extraían millones de barriles de crudo sin retribuir a la nación una fracción justa de sus ganancias. Estas corporaciones, respaldadas por los gobiernos de sus países de origen, habían logrado concesiones leoninas durante el porfiriato y la revolución, consolidando un enclave económico que operaba bajo sus propias reglas, evadiendo impuestos y explotando a la fuerza de trabajo mexicana en condiciones deplorables. La riqueza generada por el petróleo no se traducía en escuelas, hospitales o carreteras para el pueblo mexicano, sino que fluía hacia las metrópolis financieras de Londres y Nueva York, dejando en las regiones productoras solo miseria, contaminación y un profundo resentimiento hacia el capital extranjero. Este modelo de despojo estructural no solo hipotecaba el futuro energético del país, sino que constituía una afrenta directa a la soberanía nacional, convirtiendo al subsuelo mexicano en la caja chica de las potencias imperiales. La tensión entre las compañías petroleras y el estado mexicano era una bomba de tiempo que requería una resolución definitiva, pues era evidente que la independencia política de México sería una ilusión mientras sus recursos estratégicos permanecieran en manos extranjeras y la nación careciera de los medios técnicos y financieros para desarrollar su propia industria por cuenta propia.

El detonante inmediato de la crisis no fue un capricho nacionalista, sino un conflicto laboral legítimo que evidencio la arrogancia intransigente de las empresas y la necesidad imperiosa de hacer valer la ley mexicana. Los trabajadores petroleros, organizados en un sindicato poderoso y combativo, exigían el cumplimiento estricto de los laudos emitidos por la Junta Federal de Conciliación y Arbitraje, que incluían mejoras salariales y condiciones de trabajo dignas tras años de explotación sistemática. Las compañías extranjeras, confiadas en su inmenso poder económico y en el respaldo diplomático de sus gobiernos, se negaron a acatar las resoluciones judiciales, argumentando que los pagos exigidos llevarían a la quiebra a la industria, una afirmación que los peritos del gobierno demostraron como falsa mediante una auditoria forense que revelo las enormes utilidades ocultas. Ante esta rebeldía abierta contra el poder judicial de la nación, el presidente Lázaro Cárdenas se encontró ante una encrucijada histórica: someterse a la prepotencia del capital extranjero y perder toda legitimidad frente al pueblo, o ejercer la facultad constitucional de expropiación para defender la soberanía y la justicia laboral. La decisión de Cárdenas no fue un acto impulsivo, sino la conclusión lógica de un proceso legal agotado, donde las empresas habían demostrado que no reconocían la autoridad del estado mexicano más que cuando les convenia.

La declaratoria de expropiación petrolera emitida la noche del dieciocho de marzo de mil novecientos treinta y ocho fue un sismo geopolítico que sacudió los cimientos del imperialismo económico global y redefinir para siempre la posición de México en el concierto de las naciones. Al decretar la nacionalización de todos los bienes, derechos y propiedades de las empresas petroleras extranjeras, Cárdenas no solo estaba entregando la industria al pueblo mexicano, sino que estaba desafiando directamente a las potencias más poderosas del mundo, que respondieron con un bloqueo comercial, financiero y diplomático sin precedentes. El objetivo de las potencias era asfixiar económicamente a México para forzarlo a dar marcha atrás, demostrando que la soberanía tenía un precio que el país no podía pagar. Sin embargo, el gobierno cardenista, respaldado por una movilización popular masiva y sin precedentes donde trabajadores, campesinos, estudiantes y amas de casa donaron sus escasos recursos para sostener la lucha, logro resistir el embargo. La creación de Petróleos Mexicanos no fue solo un acto de justicia histórica, sino la demostración pragmática de que un país en desarrollo podía administrar sus propios recursos estratégicos con éxito, desmintiendo la propaganda catastrofista de las compañías extranjeras que vaticinaban el colapso técnico de la industria.

En el ámbito interno, la expropiación petrolera funciono como el catalizador definitivo para la consolidación del estado nacionalista y la cohesión social en torno al proyecto cardenista, unificando a un país fracturado. La nación entera, dividida por décadas de luchas intestinas, encontró en la defensa del petróleo un punto de convergencia patriótica que trascendió clases sociales, ideologías y regiones geográficas. El estado asumió el control directo de la principal fuente de divisas del país, lo que le permitió financiar el gasto público, impulsar la industrialización y consolidar la rectoría económica sin depender de la deuda externa o de los dictados de la banca internacional. Pemex se convirtió en la empresa más importante de America Latina y en el motor del desarrollo nacional durante décadas, simbolizando la capacidad del estado para generar riqueza y redistribuirla en beneficio de la colectividad. Este triunfo épico fortaleció la figura de la presidencia y demostró que el estado mexicano, cuando actúa con convicción y respaldo popular, es capaz de doblegar a los monopolios internacionales. La renta petrolera, aunque posteriormente mal administrada por gobiernos posteriores, fue en su origen el instrumento que permitió a México mantener su independencia política y financiar su transición hacia un país moderno.

El legado de la expropiación petrolera trasciende la anecdótica histórica para convertirse en el paradigma definitivo de la soberanía energética y la dignidad nacional frente a la depredación del capital transnacional. En el contexto del siglo veintiuno, donde las reformas energéticas han devuelto parcialmente el control de los hidrocarburos a empresas privadas y extranjeras, bajo la ilusión de que la inversión foránea suplirá la falta de capacidad técnica nacional, el análisis del dieciocho de marzo resulta una lección ineludible. La historia demuestra que la entrega de los recursos estratégicos no trae desarrollo autónomo, sino dependencia y subordinación a los intereses de las potencias hegemónicas. El cardenismo nos ensena que la soberanía no se negocia ni se subasta en licitaciones internacionales, sino que se defiende con la fuerza de la ley y la unidad del pueblo. Mientras el modelo actual prioriza la rentabilidad privada sobre el interés nacional, el espíritu de Cárdenas nos recuerda que el petróleo es y debe ser un recurso de la nación, cuya explotación debe estar orientada a garantizar el bienestar de las generaciones presentes y futuras. La anatomía de esta decisión geopolítica revela que la verdadera independencia de México sigue dependiendo de su capacidad para recuperar y mantener el control absoluto de sus recursos naturales.

11

CAPITULO 7. EL EJIDO Y LA JUSTICIA AGRARIA: DESARTICULANDO EL LATIFUNDIO

La justicia agraria impulsada por Lázaro Cárdenas no puede comprenderse como una simple medida de asistencia social o un reparto demagógico de tierras, sino como la operación quirúrgica más audaz para desarticular el latifundio, que constituía la base material del poder oligárquico y la raíz de la miseria histórica en México. Durante décadas, los gobiernos posrevolucionarios habían tratado la cuestión agraria con timidez, limitándose a dotaciones simbólicas que no alteraban la estructura de la propiedad y que mantenían al campesinado en una condición de servidumbre disfrazada. Cárdenas comprendió con claridad meridiana que la soberanía política proclamada en la Constitución era una ficción inaceptable mientras la inmensa mayoría de la población rural careciera de los medios de producción para garantizar su supervivencia y dignidad. El latifundio no era solo una ineficiencia económica, sino una institución de dominación política y social que perpetuaba el cacicazgo y la exclusión. Por tanto, la reforma agraria cardenista se erigió como el pilar fundamental de la refundación del Estado, transformando al campesino de un objeto de explotación en un sujeto político con derechos inalienables, y demostrando que no existe democracia verdadera sin una base material equitativa que empodere a las mayorías desposeídas frente a los privilegios de unas cuantas familias que históricamente habían acaparado la riqueza territorial.

La arquitectura institucional diseñada para sostener esta transformación masiva revela la profundidad técnica y la visión estratégica del proyecto cardenista, alejándose de la improvisación para consolidar un sistema integral de apoyo a la nueva propiedad social. El reparto de la tierra no se limitó a la entrega de títulos de propiedad; fue acompañado por la creación del Departamento de Asuntos Agrarios y la Colonización, y fundamentalmente por el Banco Nacional de Crédito Ejidal, que proporcionó los recursos financieros, técnicos y logísticos necesarios para que los nuevos propietarios pudieran hacer productiva la tierra. El régimen ejidal, concebido como una forma de propiedad social e inalienable, protegió las tradiciones comunitarias de los pueblos originarios y evitó la reconcentración de la tierra que históricamente había provocado la venta forzada de la pequeña propiedad privada. Esta institucionalización del ejido rompió con el dogma liberal de la propiedad individual absoluta, reconociendo que en un país con profundas desigualdades, la propiedad colectiva era el único mecanismo viable para evitar el retorno al latifundismo. El Estado asumió así su responsabilidad rectora no solo en la distribución inicial, sino en el acompañamiento permanente del sector social, sentando las bases de una economía mixta donde el sector social jugaba un papel preponderante en la producción de alimentos básicos y en la cohesión territorial de las regiones más marginadas.

El impacto socioeconómico de la reforma agraria cardenista trascendió el ámbito rural para reconfigurar la estructura económica nacional, impulsando la formación de un mercado interno robusto que fue el motor de la industrialización mexicana en las décadas posteriores. Al dotar de tierra y crédito a millones de campesinos, se inyectó un poder adquisitivo masivo en las regiones más pobres del país, dinamizando el comercio local y regional, y creando una demanda de bienes de consumo y herramientas que la incipiente industria nacional comenzó a satisfacer. La producción agrícola orientada al autoconsumo y al mercado nacional experimentó un crecimiento sostenido, garantizando la soberanía alimentaria y reduciendo la dependencia de las importaciones de granos básicos. El campo mexicano dejó de ser un enclave extractivista orientado exclusivamente a la exportación para convertirse en el sostén alimentario de la nación. Este modelo de desarrollo hacia adentro, sustentado en la agricultura campesina y ejidal, demostró que la justicia social y el crecimiento económico no son conceptos mutuamente excluyentes, sino que pueden potenciarse mutuamente cuando el Estado interviene para corregir las asimetrías estructurales. La prosperidad de las zonas urbanas e industriales de las décadas siguientes fue, en gran medida, el resultado directo de la reactivación del campo y de la dignificación del trabajo rural impulsada por el general michoacano.

La implementación de esta reforma estructural enfrentó la resistencia feroz de la oligarquía terrateniente y los grupos de poder que veían en el reparto agrario la destrucción de sus privilegios ancestrales, lo que exigió al Estado cardenista un despliegue de autoridad y fuerza sin precedentes. Los hacendados y latifundistas recurrieron a todo tipo de sabotajes, desde la tala de bosques y el sacrificio de ganado en las tierras expropiadas, hasta el acaparamiento de insumos y la presión política en los círculos conservadores, intentando demostrar que la propiedad social era sinónimo de improductividad y caos. Ante esta guerra no declarada, Cárdenas no dudó en utilizar el aparato coercitivo del Estado para hacer cumplir la ley, apoyándose en el ejército y, fundamentalmente, en la organización y el armamento de las Ligas Campesinas. La creación de milicias agrarias no fue un acto de provocación, sino una medida de defensa legítima para proteger a los campesinos de las agresiones de los caciques locales y de los grupos paramilitares contratados por los antiguos terratenientes. Esta decisión de armar al pueblo para defender sus conquistas sociales evidenció la convicción cardenista de que los derechos no se otorgan por la buena voluntad de las élites, sino que se conquistan y se defienden con organización y, si es necesario, con la fuerza. El Estado demostró así que estaba dispuesto a romper el monopolio de la violencia privada de los ricos para imponer el imperio de la justicia social.

El legado del ejido y la justicia agraria cardenista permanece como el testimonio más elocuente de lo que el Estado mexicano puede lograr cuando asume su vocación de bienestar colectivo, contrastando dramáticamente con la contrarreforma neoliberal que desmanteló este sistema a finales del siglo veinte. La modificación al artículo veintisiete constitucional en mil novecientos noventa y dos, que permitió la privatización de las tierras ejidales, no fue un simple ajuste legal, sino el golpe de gracia al pacto social de la Revolución Mexicana, entregando el territorio nacional a los capitales especulativos y a los megaproyectos agroindustriales. Las consecuencias de esta traición histórica son visibles hoy en la miseria generalizada del campo mexicano, la pérdida absoluta de la soberanía alimentaria, la dependencia de las remesas y las importaciones de alimentos, y la migración masiva y forzada de millones de campesinos que, al perder su medio de vida, engrosaron las filas de la marginalidad urbana o cruzaron la frontera. Recuperar la visión cardenista sobre la tenencia de la tierra y la justicia agraria es hoy una urgencia ineludible frente al avance del extractivismo y el despojo territorial. El ejido, en su esencia de propiedad social y gestión comunitaria, sigue siendo la única alternativa viable para defender el territorio, garantizar la alimentación del pueblo y reconstruir el tejido social roto, demostrando que la sombra del General aún proyecta la luz necesaria para enfrentar los desafíos de la soberanía en el siglo veintiuno.

12

CAPITULO 8. SOBERANIA EDUCATIVA: LA FUNDACION DEL IPN Y EL INAH

La concepción cardenista de la educación trascendió la visión tradicional de la instrucción como un mero mecanismo de alfabetización o de reproducción de las elites letradas, para erigirse como el instrumento fundamental de la emancipación cognitiva y la soberanía nacional. Lázaro Cárdenas comprendido con una claridad meridiana que la independencia política y la autonomía económica resultarían efímeras si el pueblo mexicano permanecía sumido en la ignorancia técnica y la alienación cultural. La educación no podía seguir siendo un privilegio de clase ni un espacio de adoctrinamiento conservador; debía transformarse en una herramienta de transformación social que dotara a las mayorías de las capacidades intelectuales y prácticas para dominar su propio destino. Esta filosofía educativa rompió con el modelo liberal decimonónico, que se limitaba a formar burócratas y profesionales al servicio de los intereses privados, para proponer una educación integral, laica, gratuita y obligatoria, profundamente vinculada a la realidad productiva y social del país. El Estado asumió así la rectoría absoluta en materia educativa, no para imponer un pensamiento único, sino para garantizar que el conocimiento generado y transmitido sirviera para fortalecer la identidad nacional, cerrar las brechas de desigualdad y construir una ciudadanía critica capaz de defender los intereses colectivos frente a las ambiciones particulares y las injerencias extranjeras.

La fundación del Instituto Politécnico Nacional en mil novecientos treinta y seis represento la materialización más contundente de la búsqueda de la soberanía técnica y científica del México posrevolucionario. Hasta ese momento, la formación de ingenieros y científicos estaba monopolizada por una universidad tradicional que, si bien tenía un gran prestigio académico, respondía en gran medida a los intereses de la oligarquía y formaba profesionales que a menudo terminaban trabajando para las empresas extranjeras o dedicándose a la burocracia. Cárdenas identifico que la industrialización del país y la administración de los recursos nacionalizados, como el petróleo, exigían un nuevo tipo de profesional: el técnico especializado, el ingeniero de campo, el científico aplicado que pudiera resolver los problemas concretos de la producción nacional. El Politécnico nació con el propósito expreso de democratizar el acceso a la educación superior técnica, atrayendo a los hijos de los trabajadores y campesinos que tenían la inteligencia pero carecían de los recursos económicos para acceder a la universidad tradicional. Esta institución se convirtió en el motor intelectual de la industrialización mexicana, demostrando que la soberanía energética y agrícola requería imperiosamente de una soberanía cognitiva. Sin ingenieros mexicanos capaces de diseñar, construir y operar la infraestructura nacional, la expropiación petrolera y la reforma agraria habrían quedado a merced de la dependencia tecnológica extranjera.

Paralelamente a la apuesta por la modernización técnica, el cardenismo impulso la fundación del Instituto Nacional de Antropología e Historia, reconociendo que la soberanía cultural es el pilar invisible pero indestructible de la soberanía política. Durante siglos, la historia oficial y la academia habían menospreciado el legado de los pueblos originarios, promoviendo una visión eurocéntrica que avergonzaba a las mayorías mestizas e indígenas de su propia herencia. La creación del INAH no fue un simple ejercicio de preservación arqueológica, sino un acto de justicia histórica y de redefinición de la identidad nacional. El Estado asumió la responsabilidad de investigar, proteger y difundir el patrimonio cultural de la nación, integrando las raíces indígenas y mestizas en el relato oficial de la mexicanidad. Esta política de rescate histórico permitió que millones de mexicanos se reconocieran a sí mismos como herederos de una civilización milenaria, fortaleciendo el orgullo nacional y la cohesión social frente a los embates de la cultura de masas extranjera. La soberanía educativa, en este sentido, exigía que el mexicano conociera su pasado para poder imaginar su futuro, evitando que la historia fuera manipulada por los grupos de poder para justificar la dominación o la entrega de los recursos naturales. El INAH se convirtió así en la trinchera intelectual donde se defendió la memoria colectiva de la nación.

La implementación de la educación socialista, aunque objeto de intensas controversias y de una feroz resistencia por parte de los sectores conservadores y de la Iglesia, sintetizo el intento más audaz de alinear el sistema educativo con los principios de justicia social y solidaridad colectiva. Este modelo pedagógico buscaba desterrar toda doctrina religiosa y todo dogmatismo, reemplazándolos por una formación basada en la ciencia, el trabajo productivo y la conciencia de los derechos y deberes sociales. La escuela rural, en particular, se convirtió en el epicentro de esta transformación, enviando a maestros comprometidos a las regiones más marginadas para que no solo ensenaran a leer y escribir, sino que impulsaran cooperativas agrícolas, campanas de higiene y organización comunitaria. El objetivo era formar individuos con una conciencia crítica de su realidad de clase, capaces de luchar por la erradicación de la explotación y la construcción de una sociedad más equitativa. Aunque la presión política y el contexto internacional obligaron a derogar la fracción socialista de la constitución pocos años después, el espíritu de esta reforma educativa dejo una huella imborrable en la pedagogía mexicana, demostrando que la educación no puede ser neutral y que siempre responde a un proyecto político y social determinado. La resistencia de los maestros rurales y la vocación de servicio de generaciones enteras de educadores son el testimonio vivo de la potencia transformadora de esta visión.

El contraste entre la visión cardenista de la soberanía educativa y la fractura educativa del México contemporáneo revela la magnitud del retroceso intelectual y pedagógico que ha sufrido la nación. En el siglo veintiuno, bajo la hegemonía del modelo neoliberal, la educación ha sido reducida a la mera formación de competencias laborales para satisfacer las demandas del mercado global, despojándola de su carácter emancipador y de su vinculación con el desarrollo nacional. La desfinanciación de la educación superior, la precarización laboral de los docentes y la imposición de estándares evaluativos diseñados por organismos internacionales han convertido a las instituciones educativas en fábricas de mano de obra barata y en espacios de reproducción de la desigualdad. La soberanía técnica y científica sigue siendo una asignatura pendiente, evidenciada por la dependencia tecnológica del país y la fuga de cerebros, mientras que la soberanía cultural es amenazada por la homogeneización mediática y el olvido deliberado de la historia patria. Rescatar el legado del IPN y del INAH no implica un retorno romántico al pasado, sino la urgente necesidad de redefinir un proyecto educativo soberano que forme ciudadanos críticos, científicos comprometidos con su entorno y defensores de la memoria histórica, capaces de enfrentar los desafíos de la era digital sin perder la brújula de la identidad y la justicia social.

13

CAPITULO 9. LA POLITICA EXTERIOR CARDENISTA: ASILO, DIGNIDAD Y RESISTENCIA FRENTE AL FASCISMO

La política exterior del cardenismo represento una ruptura paradigmática con la tradición diplomática mexicana de las décadas previas, transitando de una postura de sumisa complacencia hacia las potencias hegemónicas a un internacionalismo de principios basado en la dignidad nacional y la solidaridad humana. Lázaro Cárdenas comprendido que la soberanía no podía limitarse a las fronteras geográficas ni a los recursos del subsuelo, sino que debía proyectarse en el escenario global como una defensa intransigente del derecho internacional y la autodeterminación de los pueblos. En un contexto mundial dominado por el ascenso del fascismo en Europa y la agresión imperialista en Asia, el gobierno mexicano rechazo categóricamente la política de apaciguamiento y la hipocresía de las democracias liberales que preferían negociar con tiranos antes que defender la libertad. Esta visión transformo a México en una potencia moral de primer orden, utilizando la diplomacia no como un instrumento de negociación comercial o de alineamiento automático con el vecino del norte, sino como una trinchera ideológica desde la cual se defendían los valores de la civilización contra la barbarie. La doctrina Estrada, que consistía en no otorgar ni retirar reconocimientos a gobiernos para no calificar su legitimidad, fue elevada a un principio ético superior, permitiendo a México mantener relaciones basadas en la realidad de los hechos y el respeto a la soberanía, sin someterse a los dictados de las embajadas extranjeras.

El conflicto español de mil novecientos treinta y seis se convirtió en el primer gran escenario donde el cardenismo demostró su intransigencia ética y su capacidad de acción geopolítica independiente. Mientras las potencias europeas y Estados Unidos imponían un embargo de armas que en la práctica asfixiaba a la Republica Española y favorecía a los sublevados fascistas, México rompió el cerco diplomático y material para enviar armamento, recursos económicos y apoyo político incondicional al gobierno legítimo de Madrid. Cárdenas entendió con una claridad meridiana que la caída de la Republica Española no era solo una tragedia para el pueblo ibero, sino el preludio de una guerra mundial que amenazaba la libertad global y, por extensión, la propia independencia de México. La decisión de mantener abierto el consulado mexicano en Madrid bajo el gobierno republicano en el exilio, y de rechazar cualquier relación con la dictadura franquista, envió un mensaje inequívoco a la comunidad internacional: México no reconocería a los gobiernos impuestos por la fuerza de las bayonetas extranjeras. Esta postura costo al país presiones diplomáticas severas y amenazas de aislamiento por parte de las potencias fascistas y sus aliados conservadores, pero el gobierno cardenista asumo esos costos con la convicción de que la dignidad nacional no tiene precio y que la solidaridad con los pueblos oprimidos es un deber ineludible de cualquier Estado que se precie de ser soberano.

La política de asilo implementada por Lázaro Cárdenas trascendió la mera filantropía humanitaria para consolidarse como una estrategia geopolítica y cultural de dimensiones colosales que enriqueció irreversiblemente el acervo nacional. Al abrir las puertas de la república a miles de refugiados españoles, judíos y disidentes políticos que huían del terror nazi y franquista, México no solo salvo vidas de la muerte segura, sino que incorporo a su territorio a un capital humano de valor incalculable. Intelectuales, científicos, médicos, artistas y profesores de primer nivel mundial encontraron en tierras mexicanas un refugio seguro, lo que detonó un salto cualitativo en la educación, la ciencia y la cultura del país. La creación de la Casa de España, que más tarde se transformaría en El Colegio de México, es el testimonio institucional de esta visión estratégica, donde el Estado asumió la responsabilidad de integrar a estas mentes brillantes en el proyecto de desarrollo nacional. Este acto de generosidad ilustrada demostró que la soberanía cultural se fortalece con la universalidad del conocimiento y que un país verdaderamente seguro de sí mismo no teme a la diversidad de ideas, sino que la utiliza para elevar su propio nivel civilizatorio. El exilio español en México no fue una carga, sino una inversión intelectual que rindió frutos durante generaciones, consolidando la infraestructura académica que permitiría al país enfrentar los desafíos de la modernidad con herramientas propias.

En el ámbito continental, la diplomacia cardenista redefinir los principios de no intervención y autodeterminación de los pueblos, despojándolos de la hipocresía con la que solían aplicarlos las potencias para proteger sus propios intereses. Frente a la llamada política de buena vecindad impulsada por Estados Unidos, que en la práctica encubría mecanismos de dominación económica y control político en America Latina, México alzo la voz para exigir un trato verdaderamente igualitario y el respeto absoluto a la soberanía de las naciones hermanas. Cárdenas brindo apoyo moral y material a los movimientos antiimperialistas de la región y condeno en los foros internacionales cualquier intento de intervención extranjera en los asuntos internos de los países latinoamericanos. Esta postura de liderazgo ético en el hemisferio no estaba exenta de riesgos, pues confrontaba directamente los intereses de las corporaciones estadounidenses que operaban con impunidad en Centroamérica y el Caribe. Sin embargo, el gobierno mexicano mantuvo su línea con una coherencia a toda prueba, estableciendo que la solidaridad regional no podía basarse en la sumisión a una hegemonía, sino en la defensa común de la independencia frente al colonialismo moderno. Esta visión panamericanista, fundada en la igualdad jurídica y el respeto mutuo, sentó las bases para que México fuera reconocido como el líder natural de las causas justas en America Latina, un prestigio moral que ninguna cantidad de poder militar o económico podría comprar.

El legado de la política exterior cardenista permanece como el estándar ético más alto que ha alcanzado la diplomacia mexicana en su historia contemporánea, contrastando dramáticamente con la irrelevancia y la sumisión que han caracterizado a las administraciones de finales del siglo veinte y principios del veintiuno. La pérdida de la autonomía diplomática, la alineación automática con las agendas de Washington y la reducción de la política exterior a una mera herramienta de promoción comercial han despojado a México de su voz propia en el concierto de las naciones. El análisis profundo de la época cardenista revela que la dignidad en el ámbito internacional no es un lujo retorico, sino un activo estratégico que permite a los países en desarrollo negociar desde una posición de fuerza y proteger sus intereses vitales frente a los bloques de poder global. En un mundo multipolar donde las tensiones entre Estados Unidos, China y Rusia reconfiguran el tablero geopolítico, la lección de Cárdenas es ineludible: México solo puede preservar su soberanía si mantiene una política exterior independiente, basada en el derecho internacional, la no intervención y la solidaridad con los pueblos oprimidos. Recuperar esta brújula diplomática es urgente para dejar de ser un actor secundario en la propia región y volver a ser un faro de dignidad y resistencia, demostrando que la grandeza de una nación no se mide por su sometimiento a los imperios, sino por su capacidad para defender sus principios en cualquier tribuna del mundo.

14

CAPÍTULO 10. EL PACTO CORPORATIVISTA: LAS BASES DE LA ESTABILIDAD Y SUS RIESGOS INHERENTES

La configuración del Estado posrevolucionario mexicano exigió la creación de un mecanismo político que canalizara la inmensa energía de las masas movilizadas hacia la construcción de instituciones duraderas, evitando así el caos de la fragmentación caudillista. En este contexto, el pacto corporativista impulsado por Lázaro Cárdenas no surgió como un simple arreglo electoral, sino como una arquitectura política de fondo diseñada para integrar orgánicamente a los trabajadores, campesinos y clases medias al aparato del Estado. La reestructuración del partido oficial en el Partido de la Revolución Mexicana, con sus sectores obrero, campesino y popular, representó el intento más audaz de materializar la democracia social en un país donde la democracia liberal había demostrado ser insuficiente. Esta visión partía de la premisa de que la paz social no podía sustentarse únicamente en la coerción militar o en la promesa abstracta de derechos, sino en la participación real de los sectores productivos en la toma de decisiones y en la distribución del poder. Al otorgar un reconocimiento formal y estructural a las organizaciones de masas, el cardenismo buscaba transformar a los sujetos de la revolución en actores institucionales, garantizando que el Estado reflejara la composición de clases de la nación y actuara como el garante supremo de sus conquistas históricas.

La mecánica de este pacto se fundamentó en un intercambio histórico de lealtad política por derechos sociales y económicos, un contrato no escrito que definió las relaciones de poder en México durante más de medio siglo. El Estado, a través de la Confederación de Trabajadores de México y otras organizaciones afines, concedió a los sindicatos el monopolio de la representación laboral, el acceso a la seguridad social, la estabilidad en el empleo y salarios que permitieron el surgimiento de una incipiente clase media urbana. En contraparte, las centrales obreras y campesinas entregaron su apoyo electoral incondicional al partido en el poder y se comprometieron a mantener la paz laboral, subordinando la lucha de clases a los objetivos de desarrollo nacional y acumulación capitalista dirigidos desde el gobierno. Este modelo de colaboración de clases, fuertemente influenciado por el pensamiento de Vicente Lombardo Toledano y el contexto internacional de la guerra fría, permitió una movilidad social sin precedentes y sentó las bases materiales para la industrialización por sustitución de importaciones. El trabajador mexicano dejó de ser un paria para convertirse en un ciudadano con derechos reconocidos, aunque esta ciudadanía estuviera mediada y filtrada por la estructura corporativa que el Estado diseñó para mantener el equilibrio entre el capital privado y la fuerza de trabajo organizada.

Sin embargo, la génesis de este sistema llevaba implícitos riesgos estructurales que, con el paso de las décadas, terminaron por corromper su espíritu original y convertirlo en un instrumento de control autoritario. La principal distorsión del pacto corporativista fue la burocratización de las dirigencias sindicales y campesinas, fenómeno conocido como charrismo, donde los líderes dejaron de ser representantes legítimos de sus bases para convertirse en funcionarios del Estado y operadores políticos del partido hegemónico. Al depender el sindicato de la concesión estatal para su existencia legal y su patrimonio, la independencia de clase quedó sistemáticamente aniquilada, y el derecho a la huelga o a la protesta autónoma fue castigado con la intervención oficial y la destitución de los líderes disidentes. El Estado, que en su origen cardenista actuaba como árbitro supremo, terminó por cooptar a una de las partes en conflicto, utilizando a las cúpulas sindicales para imponer techos salariales, reprimir la disidencia interna y facilitar las políticas de austeridad impuestas por los patrones. Esta degeneración transformó los derechos sociales conquistados por la sangre en privilegios administrados por una élite sindical que traicionó su mandato histórico, demostrando que la integración orgánica de las masas al Estado, sin mecanismos de democracia interna y rendición de cuentas, puede mutar fácilmente en una dictadura burocrática.

El análisis de las consecuencias a largo plazo de este modelo revela la paradoja fundamental del sistema político mexicano del siglo veinte: la estabilidad a costa de la libertad y la institucionalización a costa de la democracia genuina. El pacto corporativista logró su objetivo primario de evitar la guerra civil y garantizar la continuidad del Estado, pero el precio pagado fue la esterilización de la autonomía política de los sectores populares. Cuando el Estado mexicano abandonó el nacionalismo revolucionario para abrazar el neoliberalismo en las décadas de los ochenta y noventa, la estructura corporativa no se disolvió, sino que fue utilizada por los gobiernos para imponer las contrarreformas laborales, la privatización de empresas paraestatales y la flexibilización de los derechos adquiridos. Los líderes sindicales, atados al aparato estatal y carentes de legitimidad democrática, actuaron como los principales facilitadores del desmantelamiento del Estado de bienestar, firmando pactos de sumisión que dejaron a los trabajadores completamente desprotegidos frente a la embestida del capital transnacional. Esta traición histórica evidencia que un sistema de representación diseñado para la movilización y el control vertical es intrínsecamente vulnerable a la captura por parte de los intereses económicos dominantes, incapaz de defender a sus bases cuando el proyecto nacional es reemplazado por la lógica depredadora del mercado global.

La lección que el legado cardenista deja para el siglo veintiuno en materia de organización social exige un balance crítico que rescate la vocación protectora del Estado sin replicar los vicios autoritarios del corporativismo clásico. El desmantelamiento neoliberal no trajo la libertad sindical ni la democracia real que prometía, sino la precarización absoluta, la fragmentación de la clase trabajadora y la desaparición de los mecanismos de defensa colectiva. El desafío contemporáneo radica en construir un nuevo pacto social que reconozca la necesidad de la organización colectiva y la intervención del Estado para garantizar la justicia distributiva, pero que se sustente en la democracia directa, la transparencia y la independencia absoluta de los movimientos sociales frente al gobierno de turno. La sombra del General nos recuerda que la estabilidad política no puede comprarse con la sumisión de los trabajadores, y que la verdadera fortaleza del Estado emana de la organización libre y consciente de la ciudadanía. Recuperar el espíritu de 1938 en el ámbito laboral implica adaptar la protección social a las nuevas realidades de la economía digital y la globalización, forjando sindicatos de nuevo tipo que no sean apéndices del poder, sino trincheras autónomas de la dignidad obrera, demostrando que es posible construir hegemonía política sin sacrificar la libertad y la autonomía de los sectores populares.

15

CAPITULO 11. NACIONALISMO ECONOMICO: CONSTRUYENDO MERCADO INTERNO SIN AISLAMIENTO

El nacionalismo económico cardenista no debe ser confundido con el eutiquismo o el aislacionismo cerrado, sino que se configuro como una estrategia geopolítica sofisticada para insertar a México en la economía global desde una posición de fuerza y soberanía. A diferencia del modelo porfirista, que subordinaba la economía nacional a la exportación de materias primas y a la importación de manufacturas, o del modelo neoliberal posterior, que abrió las puertas de par en par al capital transnacional sin contrapesos, la visión de Lázaro Cárdenas buscaba construir un mercado interno robusto y autosuficiente que actuara como el motor principal del desarrollo. Esta filosofía partía de la premisa de que ninguna nación podría alcanzar la verdadera independencia política si su economía permanecía fragmentada, dependiente de los vaivenes del mercado internacional y sujeta a los dictados de las potencias financieras. Por tanto, el Estado asumió un rol activo y planificador, utilizando la renta petrolera y el crédito público para financiar la infraestructura, la industrialización y el bienestar social, demostrando que la globalización puede ser enfrentada y aprovechada sin renunciar a la rectoría económica nacional.

La mecánica para la construcción de este mercado interno se fundamentó en un círculo virtuoso de redistribución del ingreso y fomento a la producción nacional. La reforma agraria masiva y el fortalecimiento de los derechos laborales no solo fueron actos de justicia social, sino políticas macroeconómicas deliberadas diseñadas para elevar el poder adquisitivo de las mayorías. Al dotar de tierra y crédito al campesinado, y al garantizar salarios dignos y seguridad social a los trabajadores, el cardenismo creo una base de consumidores nacionales que exigían bienes y servicios, lo que a su vez incentivo a la incipiente industria mexicana a producir para el mercado doméstico. Para sostener este proceso, el Estado creo instituciones financieras clave, como Nacional Financiera, que canalizaron el crédito hacia sectores estratégicos y hacia empresarios nacionales que estuvieran dispuestos a invertir en la industrialización del país. Esta intervención estatal no busco asfixiar la iniciativa privada, sino orientarla hacia fines de interés nacional, evitando que el capital se dedicara exclusivamente a la especulación financiera o a la importación suntuaria.

El tratamiento del capital extranjero dentro de este esquema nacionalista revela un pragmatismo revolucionario que contrasta con el dogmatismo de otras experiencias históricas. Cárdenas no expulso a todas las empresas extranjeras ni cerro las fronteras a la inversión foránea; lo que hizo fue establecer reglas claras, inquebrantables y subordinadas a la ley mexicana. La expropiación petrolera envió el mensaje de que el capital internacional era bienvenido siempre que respetara la soberanía nacional, pagara sus impuestos, transfiriera tecnología y contribuyera al desarrollo real del país. Las empresas extranjeras que operaban en sectores no estratégicos tuvieron que adaptarse a un entorno donde el Estado fijaba las reglas del juego, protegiendo a los productores nacionales mediante aranceles selectivos y regulaciones que evitaban la competencia desleal. Este modelo de apertura condicionada permitió a México atraer capitales y conocimientos técnicos necesarios para la modernización, pero sin permitir que estos capitales capturaran el Estado o dictaran las políticas públicas, logrando un equilibrio delicado pero altamente efectivo entre la necesidad de integración internacional y la defensa de la autonomía económica.

La transformación estructural de la economía mexicana durante este periodo sentó las bases para el llamado milagro mexicano, consolidando un modelo de desarrollo hacia adentro que diversifico la matriz productiva del país. La protección a la industria naciente no fue un subsidio eterno a la ineficiencia, sino una herramienta temporal y estratégica para que las empresas mexicanas alcanzaran la escala y la capacidad tecnológica necesarias para competir. El Estado invirtió masivamente en electrificación, transporte y comunicaciones, creando las condiciones materiales para que el mercado nacional se integrara físicamente. Esta planificación económica, aunque a veces torpe en su ejecución burocrática, logro que México dejara de ser un país exclusivamente agroexportador para convertirse en una nación con una base industrial sólida, capaz de producir desde bienes de consumo hasta maquinaria pesada. Este logro histórico demostró que el subdesarrollo no es un destino inexorable, sino una condición que puede ser revertida mediante un Estado planificador que priorice la producción nacional y el bienestar colectivo sobre la rentabilidad inmediata de los capitales especulativos.

El legado del nacionalismo económico cardenista ofrece lecciones ineludibles para el México del siglo veintiuno, sumido en una profunda crisis de desindustrialización y dependencia alimentaria y tecnológica. El desmantelamiento de este modelo bajo las políticas neoliberales, que priorizaron la inserción subordinada en las cadenas globales de valor a través de maquiladoras y tratados de libre comercio asimétricos, destruyo el mercado interno y convirtió al país en un mero ensamble de productos con bajo valor agregado. La pérdida de la rectoría económica ha dejado a México vulnerable a las crisis externas y dependiente de las remesas y de las importaciones de insumos básicos. Rescatar la brújula cardenista en la actualidad no implica replicar las políticas de los años cuarenta, sino adaptar su espíritu a la economía digital y la transición energética. Significa volver a utilizar al Estado como el arquitecto del desarrollo, fomentando la soberanía tecnológica, protegiendo los sectores estratégicos y construyendo un mercado interno que distribuya la riqueza de manera equitativa, demostrando que la verdadera integración al mundo solo es posible cuando se tiene la espalda firme y soberana de una economía nacional consolidada.

16

CAPITULO 12. EL FIN DEL MANDATO: LA TRANSICION PACIFICA Y EL SACRIFICIO DEL PODER PERSONAL

El final del sexenio de Lázaro Cárdenas en mil novecientos cuarenta representa uno de los episodios más trascendentales y paradigmáticos de la historia política de México y de America Latina. Al término de su mandato, Cárdenas gozaba de una popularidad inmensa, respaldado por las masas obreras y campesinas, y controlaba un aparato estatal y militar que había sido reestructurado a su imagen y semejanza. En un contexto histórico donde los caudillos revolucionarios solían perpetuarse en el poder, manipular la sucesión para mantener a sus aliados en la silla presidencial o recurrir a la fuerza para no soltar el cetro, la decisión de Cárdenas de respetar escrupulosamente la Constitución y entregar el poder pacíficamente fue un acto de suprema virtud republicana. Este sacrificio del poder personal no fue producto de la debilidad ni de la falta de ambición, sino la manifestación más pura de su convicción de que las instituciones deben ser más fuertes que los individuos. Al despojarse voluntariamente de la máxima magistratura, Cárdenas demostró que el verdadero éxito de un proyecto político no se mide por la permanencia de su líder en el cargo, sino por la capacidad de las instituciones para sobrevivir y continuar el proyecto nacional sin necesidad de la tutela de su creador.

La gestión de la sucesión presidencial revelo la madurez política de Cárdenas y su priorización de la unidad nacional y la estabilidad institucional sobre los intereses de su propia facción ideológica. Aunque su corazón y su proyecto radical estaban más alineados con la candidatura de Francisco José Múgica, el contexto internacional, marcado por el estallido de la Segunda Guerra Mundial y el ascenso del fascismo, exigía un perfil más conciliador y moderado para evitar fracturas internas que pudieran ser aprovechadas por las potencias del Eje. Cárdenas, con un sentido de Estado extraordinario, impulso y respaldo la candidatura de Manuel Ávila Camacho, un hombre de perfil conservador y católico, asegurando así la transición y la continuidad del régimen. Esta decisión le costó el distanciamiento de los sectores más radicales de la revolución y las críticas de sus aliados más cercanos, pero evidencio que el estadista debe estar dispuesto a sacrificar su legado personal y sus afinidades ideológicas en el altar de la supervivencia de la nación. Al imponer la institucionalidad sobre el caudillismo, Cárdenas cerro definitivamente la etapa de los grandes caudillos militares y abrió la era de la política civil y burocrática.

La transición pacifica del poder se consumó con una serie de medidas decisivas que garantizaron que el ejército y las organizaciones de masas no intervinieran para alterar el orden constitucional. En un gesto sin precedentes, Cárdenas ordeno el desarme de las milicias campesinas y obreras que habían sido organizadas y armadas durante su sexenio para defender las conquistas sociales, entregando el monopolio de la fuerza exclusivamente al ejército federal. Esta decisión, sumamente riesgosa y criticada por sus bases más radicales, fue fundamental para evitar que el país cayera en una guerra civil o en una dictadura militar al término de su mandato. Al subordinar absolutamente a las fuerzas armadas al poder civil entrante y al desactivar los mecanismos de presión armada de los sectores populares, Cárdenas aseguro que la transición se diera en un marco de legalidad y paz. Este acto de desarme político y militar consolido la supremacía civil sobre lo castrense, un principio republicano que ha permitido a México evitar los golpes de estado y las dictaduras militares que asolaron y ensangrentaron a la mayoría de los países de America Latina durante el siglo veinte.

El contraste de este acto de desprendimiento con la historia política global y regional resalta la magnitud del legado institucional de Cárdenas. Mientras en otras latitudes las revoluciones sociales terminaban devorando a sus propios lideres o degenerando en regímenes totalitarios de partido único y liderazgos vitalicios, en México la revolución se institucionalizo mediante la alternancia y la limitación del poder. Cárdenas comprendido que la revolución no podía ser un estado permanente de excepción, sino que debía cristalizar en leyes, instituciones y procedimientos democráticos. Al retirarse a la vida civil, sin buscar la reelección, sin mantener un gobierno en la sombra y sin tutelar a su sucesor, envió el mensaje definitivo de que la presidencia de la Republica era una institución al servicio de la patria y no un patrimonio personal. Esta renuncia voluntaria al poder absoluto es la piedra angular sobre la que se construyó la estabilidad política mexicana de las décadas posteriores, demostrando que la verdadera fortaleza de un líder revolucionario reside en su capacidad para construir un sistema que funcione sin su presencia física en la cima del poder.

La lección que el fin del mandato cardenista deja para la política contemporánea es de una vigencia desgarradora y de una necesidad absoluta. En un siglo veintiuno donde el mesianismo político, la reelección indefinida y la captura de las instituciones por parte de lideres que buscan perpetuarse en el poder se han convertido en las patologías dominantes en America Latina y otras regiones, el ejemplo de Cárdenas se erige como un faro de ética republicana. Los lideres contemporáneos que holló auto las instituciones para mantenerse en el poder, que subordinan la ley a su voluntad personal y que utilizan al Estado como un instrumento de enriquecimiento y control faccioso, traicionan la esencia misma de la democracia. La sombra del General nos recuerda que el poder es un préstamo temporal de la nación y que la grandeza política se mide por la disposición a devolverlo en tiempo y forma. Recuperar la cultura del sacrificio del poder personal, de la subordinación a la ley y del respeto a la institucionalidad es la condición indispensable para que los proyectos de transformación social no terminen convirtiéndose en las nuevas dictaduras que prometen liberar al pueblo y terminan por esclavizarlo.

17

CAPITULO 13. EL DESMANTELAMIENTO DEL ESTADO: DE LA RECTORIA ECONOMICA AL NEOLIBERALISMO

El tránsito del Estado cardenista, concebido como el árbitro supremo y el motor del desarrollo nacional, hacia el modelo neoliberal que se impuso en México a partir de las últimas décadas del siglo veinte, no fue un proceso natural de evolución histórica, sino un golpe ideológico y estructural planificado con precisión quirúrgica por las élites económicas y los organismos financieros internacionales. Este desmantelamiento sistemático comenzó bajo la retórica engañosa de la modernización y la eficiencia, ocultando un proyecto de clase destinado a revertir las conquistas sociales de la Revolución Mexicana. La narrativa oficial se encargó de demonizar al Estado interventor, calificándolo de burocrático, corrupto e ineficiente, para justificar su retracción progresiva de la economía y la sociedad. Sin embargo, la realidad demostró que el Estado no se hizo pequeño, sino que fue capturado y reconfigurado para servir exclusivamente a los intereses del capital transnacional y de una oligarquía financiera local, transformando la rectoría económica en una sumisión absoluta a los dictados del mercado global y vaciando de contenido la soberanía nacional que tanto costó construir.

La imposición del Consenso de Washington y los programas de ajuste estructural funcionaron como la herramienta técnica para ejecutar esta contrarreforma, utilizando la deuda externa como un mecanismo de chantaje y disciplinamiento macroeconómico. Bajo la amenaza de default y el aislamiento financiero, los gobiernos mexicanos de turno aceptaron condiciones draconianas que incluían la reducción drástica del gasto público, la liberalización comercial indiscriminada y la desregulación de los mercados. Esta doctrina económica, presentada como la única vía racional hacia el desarrollo, ignoró deliberadamente las particularidades estructurales de México y sacrificó el mercado interno en el altar de la competitividad exportadora. La privatización de empresas paraestatales, lejos de generar la prometida eficiencia, se convirtió en un festín de transferencia de riqueza pública a manos privadas a precios de remate, consolidando monopolios u oligopolios que hoy estrangulan la economía nacional. El Estado dejó de ser un planificador del desarrollo para convertirse en un mero gestor de la austeridad, un cobrador de impuestos y un garante de la rentabilidad de los inversionistas, abandonando por completo su obligación constitucional de procurar el bienestar general.

La decadencia institucional provocada por este paradigma se manifestó con especial crudeza en el desmantelamiento de los servicios públicos y la infraestructura social que históricamente habían funcionado como amortiguadores de la desigualdad. La salud, la educación, la seguridad social y la vivienda dejaron de ser derechos universales garantizados por el Estado para convertirse en mercancías sujetas a la lógica de la oferta y la demanda. El su financiamiento crónico de estas áreas no fue un accidente presupuestal, sino una estrategia deliberada para crear una crisis artificial que justificara su posterior privatización o concesión a capitales privados. Al mismo tiempo, los organismos reguladores, diseñados para proteger a los consumidores y al medio ambiente, fueron sistemáticamente debilitados, cooptados o eliminados, eliminando cualquier contrapeso al poder desmedido de las corporaciones. Esta hollowing out o vaciamiento del Estado generó una administración pública desmoralizada, fragmentada y carente de capacidad técnica, incapaz de diseñar e implementar políticas públicas de largo plazo que respondan a las necesidades reales de la población.

Las consecuencias sociales de este desmantelamiento han sido devastadoras y constituyen la raíz de la mayoría de las patologías que aquejan al México contemporáneo. La destrucción del pacto social cardenista provocó una explosión sin precedentes de la desigualdad, la precarización laboral y la informalidad, empujando a millones de familias a la vulnerabilidad y la pobreza extrema. Al perder el Estado su capacidad de redistribución y su rol como empleador de última instancia, el tejido social se fracturó, dando paso a la competencia despiadada por la supervivencia y al debilitamiento de los lazos comunitarios. La migración masiva, tanto interna hacia las ciudades como internacional hacia Estados Unidos, no fue más que el resultado directo de la expulsión del campo y la falta de oportunidades en un país que había renunciado a su proyecto de desarrollo endógeno. La violencia que hoy desgarra al territorio nacional es, en gran medida, el síntoma de este vacío institucional, donde el Estado ha abdicado de su responsabilidad de garantizar la seguridad, la justicia y el progreso, dejando el camino libre para que el crimen organizado y los poderes fácticos llenen ese vacío con sus propias reglas de dominación.

El análisis profundo de este proceso de desmantelamiento revela que la crisis actual del Estado mexicano no es un problema de gestión o de personas, sino un problema estructural derivado de la adopción acrítica de un modelo económico que es intrínsecamente hostil al bienestar de las mayorías. Revertir esta tendencia no requiere de parches administrativos ni de promesas retóricas de un capitalismo con rostro humano, sino de una reconstrucción radical de la rectoría del Estado, inspirada en la audacia del cardenismo pero adaptada a las complejidades del siglo veintiuno. Es imperativo recuperar la capacidad del Estado para planificar la economía, regular los monopolios, garantizar los derechos sociales y defender los recursos estratégicos de la depredación extranjera. La sombra del General nos interpela a reconocer que la única salida a la encrucijada actual es dejar de administrar la decadencia y atreverse a refundar las instituciones, demostrando que un Estado fuerte, justo y soberano no es una reliquia del pasado, sino la condición indispensable para la supervivencia y la dignidad de la nación en el futuro.

18

CAPITULO 14. PRIVATIZACIONES VS. SOBERANIA: EL SECTOR ENERGETICO MEXICANO HOY

La traición histórica al legado de mil novecientos treinta y ocho se consumó de manera sistemática con las reformas energéticas neoliberales, particularmente la promulgada en dos mil trece, que desmantelaron el monopolio constitucional del Estado sobre los hidrocarburos y la electricidad bajo el engañoso disfraz de la modernización y la competencia. Este proceso no fue un ajuste técnico necesario, sino un asalto deliberado a la columna vertebral de la soberanía nacional, diseñado para abrir los recursos estratégicos de México a la depredación del capital transnacional. Al permitir la participación privada en la exploración, producción, refinación y distribución de energía, se rompió el pacto fundacional que establecía que la riqueza del subsuelo pertenece inalienablemente a la nación. La narrativa oficial vendió la idea de que el Estado era un administrador ineficiente y que la iniciativa privada traería inversión, tecnología y prosperidad, ocultando que la verdadera intención era convertir a las empresas públicas en meros competidores en desventaja dentro de un mercado diseñado para beneficiar a las corporaciones extranjeras. Esta cesión de la rectoría energética representa la máxima expresión de la subordinación geopolítica, pues un país que no controla su propia energía está condenado a la dependencia estructural y a la pérdida de su capacidad de decisión autónoma en todos los demás ámbitos de la vida nacional.

La mecánica de estas privatizaciones encubiertas reveló una arquitectura legal y regulatoria perversa, diseñada para garantizar la rentabilidad privada a costa del deterioro de las instituciones públicas. Los contratos de licencia y producción compartida otorgaron a las empresas extranjeras las condiciones más favorables, permitiéndoles extraer el petróleo de mejor calidad y mayor valor con una carga fiscal mínima, mientras que el Estado mexicano asumía la totalidad de los riesgos geológicos, ambientales y financieros. Paralelamente, se fragmentó el mercado eléctrico para que los generadores privados pudieran vender su energía a los grandes consumidores industriales, descapitalizando a la Comisión Federal de Electricidad y privándola de sus clientes más rentables, pero dejándole la obligación de mantener la red de transmisión y distribución, así como el suministro a las zonas rurales y de bajos ingresos, que son inherentemente deficitarias. Este modelo de competencia desleal no buscaba la eficiencia del sistema, sino el despojo legalizado de los activos nacionales, transformando a las empresas públicas en entes asfixiados por la deuda, para luego justificar su eventual liquidación bajo el pretexto de su supuesta inviabilidad financiera.

Las consecuencias de esta entrega del sector energético se manifiestan con crudeza en la creciente vulnerabilidad de la seguridad nacional y la dependencia industrial del país. México, que en su momento fue un exportador neto de combustibles refinados, se ha convertido en un importador masivo de gasolinas, diésel y gas natural, principalmente de Estados Unidos, lo que nos expone a la volatilidad de los precios internacionales y a las interrupciones en las cadenas de suministro globales. Esta dependencia no es solo un problema económico, sino una amenaza directa a la estabilidad interna, ya que la falta de combustibles paraliza el transporte, la agricultura y la industria, generando inflación y desabasto que golpean directamente el bolsillo de las familias más vulnerables. Además, la fuga de cerebros y la desarticulación de los centros de investigación y desarrollo tecnológico del sector han dejado al país sin la capacidad endógena para innovar o responder a los desafíos técnicos, obligándonos a comprar no solo el combustible, sino también el conocimiento y la maquinaria para procesarlo, profundizando así un ciclo de subordinación tecnológica que nos aleja cada vez más de la verdadera independencia.

El impacto social y ambiental de este modelo extractivista privatizado ha sido devastador para las comunidades locales y el medio ambiente, priorizando las ganancias a corto plazo sobre la sostenibilidad y los derechos humanos. Las concesiones otorgadas a empresas extranjeras en regiones sensibles se han caracterizado por la imposición de proyectos sin consulta previa, libre e informada a las comunidades indígenas, generando conflictos sociales, represión y la degradación irreversible de los ecosistemas. La lógica financiera de estas corporaciones ignora el daño colateral, desde los derrames de hidrocarburos hasta la contaminación de mantos acuíferos, porque sus balances no internalizan los costos ambientales ni sociales. El Estado, al renunciar a su papel de regulador y protector, se ha convertido en cómplice de este despojo, permitiendo que el territorio nacional sea tratado como una zona de sacrificio en beneficio de accionistas que residen en otros continentes. Esta realidad contrasta dramáticamente con la visión cardenista, donde la explotación de los recursos debía estar subordinada al bienestar de las comunidades y al desarrollo integral de las regiones productoras.

Recuperar la soberanía energética en el siglo veintiuno exige un giro copernicano que vaya más allá de la nostalgia y se traduzca en una estrategia estatal robusta, planificada y técnicamente viable. No se trata de aislar al país ni de rechazar la cooperación internacional, sino de reafirmar que el Estado debe ser el rector indiscutible del sector, garantizando que la energía sea un derecho social y un motor de desarrollo, no una mercancía especulativa. Esto implica fortalecer financieramente a las empresas públicas, invertir en la modernización de la infraestructura y en la generación de energía limpia bajo control nacional, y desarrollar una política industrial que fomente la cadena de valor energética dentro del territorio mexicano. El legado de Cárdenas nos enseña que la dignidad nacional se defiende con hechos, no con discursos, y que la única manera de enfrentar la crisis climática y geopolítica actual es mediante un control soberano de la transición energética. México debe dejar de ser un mero proveedor de materias primas y un mercado cautivo para convertirse en un actor que decide su propio destino energético, demostrando que la soberanía es la condición indispensable para cualquier proyecto de justicia y prosperidad colectiva.

19

CAPITULO 15. EL ABANDONO DEL CAMPO: DEL REPARTO AGRARIO A LA DEPENDENCIA ALIMENTARIA

El abandono del campo mexicano en las últimas décadas representa una de las traiciones más profundas al pacto social establecido durante la Revolución Mexicana y consolidado por el cardenismo, marcando un retroceso civilizatorio en la relación entre el Estado y sus ciudadanos rurales. Donde antes existió una política de Estado orientada a la justicia agraria, el fomento productivo y la dignificación del campesino como sujeto político y económico fundamental, hoy prevalece una visión asistencialista y mercantil que ha reducido a las comunidades rurales a la condición de rehenes de la pobreza y la marginación estructural. La transformación del ejido, que pasó de ser una institución de cohesión social y producción soberana a un simple patrimonio susceptible de ser fragmentado, vendido o acaparado, marcó el inicio de un proceso de despojo que ha desarticulado el tejido social del México profundo. Este retroceso no es un fenómeno natural ni una consecuencia inevitable de la modernidad, sino el resultado deliberado de políticas públicas diseñadas para destruir la agricultura de pequeña escala, desmovilizar al campesinado y entregar el territorio nacional a los intereses de la agroindustria transnacional y los especuladores de la tierra.

La contrarreforma agraria de mil novecientos noventa y dos, que modificó el artículo veintisiete constitucional, constituyó el punto de no retorno en este proceso de desmantelamiento sistemático de la soberanía alimentaria. Al eliminar la obligación del Estado de dotar de tierras y al permitir la enajenación de los ejidos, se abrió la puerta a un mercado de tierras que, lejos de generar desarrollo o inversión productiva, facilitó el acaparamiento por parte de grandes corporaciones, mineras y desarrolladores inmobiliarios. Paralelamente, la desaparición de instituciones clave como CONASUPO y el desmantelamiento de los sistemas de crédito, seguros y asistencia técnica dejaron al pequeño productor en un estado de indefensión absoluta frente a las fuerzas desatadas del mercado. El Estado, que en la época cardenista actuaba como garante de la producción y el precio justo de los granos básicos, se retiró estratégicamente, creando un vacío que fue llenado por intermediarios abusivos y monopolios comerciales que exprimen al campesino en el origen y encarecen los alimentos para el consumidor final, rompiendo el ciclo virtuoso de la economía rural.

La firma del Tratado de Libre Comercio de América del Norte consolidó esta dinámica de destrucción al someter al campo mexicano a una competencia desleal e insostenible contra la agricultura altamente subsidiada de los Estados Unidos. La inundación del mercado nacional con maíz, frijol, sorgo y otros granos básicos a precios por debajo de su costo de producción arruinó a millones de productores que no pudieron competir con las enormes subvenciones gubernamentales del norte, las cuales distorsionan por completo las reglas del mercado. Esta política de apertura indiscriminada no solo destruyó la economía rural, sino que provocó un éxodo masivo y forzado, vaciando comunidades enteras y alimentando los flujos migratorios hacia las ciudades, las plantaciones del norte y la frontera con Estados Unidos. El campo dejó de ser el sostén alimentario y cultural de la nación para convertirse en una zona de expulsión de mano de obra barata, rompiendo los lazos generacionales y las tradiciones que durante siglos habían mantenido viva la identidad y la resistencia de los pueblos originarios frente a la adversidad.

Las consecuencias de este abandono se reflejan hoy en una crisis de seguridad alimentaria sin precedentes, donde México, siendo el centro de origen y diversidad genética del maíz, se ha convertido en un importador masivo y dependiente de este y otros granos básicos. Esta dependencia estructural nos hace extremadamente vulnerables a la volatilidad de los precios internacionales, a las crisis logísticas globales y a las presiones geopolíticas de nuestros socios comerciales, comprometiendo la estabilidad interna del país. Además, la destrucción de la dieta tradicional y la invasión de productos ultra procesados, promovidos por las mismas cadenas comerciales que controlan el mercado, han desencadenado una epidemia de obesidad, diabetes y enfermedades crónicas que colapsan el sistema de salud pública. La paradoja es desgarradora y reveladora: un país con una riqueza agroecológica envidiable importa sus alimentos básicos mientras su población sufre las consecuencias de una mala nutrición, demostrando que la soberanía alimentaria es un componente inseparable de la soberanía nacional, la salud pública y la seguridad estratégica.

Recuperar el campo mexicano exige un retorno a los principios cardenistas de la rectoría estatal, pero adaptados a los desafíos agroecológicos, tecnológicos y climáticos del siglo veintiuno, rechazando tanto el asistencialismo estéril como la mercantilización de la vida. No basta con programas de transferencias monetarias que, si bien alivian momentáneamente la pobreza extrema, no generan capacidades productivas, no transforman la estructura del campo ni devuelven la dignidad del trabajo agrícola. Se requiere una política integral que garantice precios de garantía justos, crédito accesible y oportuno, infraestructura de riego, almacenamiento, caminos rurales y comercialización directa, así como la protección absoluta de las semillas nativas frente a los transgénicos y las patentes corporativas. El Estado debe volver a ser el articulador de cadenas productivas locales, fomentando la agricultura familiar y comunitaria como la base inquebrantable de la soberanía alimentaria. Solo mediante una reconstrucción deliberada y planificada del sector agropecuario, donde el campesino sea reconocido como el guardián del territorio y la biodiversidad, podrá México romper las cadenas de la dependencia y asegurar un futuro digno, justo y autosuficiente para las generaciones venideras.

20

CAPITULO 16. LA FRACTURA EDUCATIVA ACTUAL FRENTE A LA VISION TECNICA Y SOCIAL DEL CARDENISMO

La visión educativa cardenista concibió la escuela como el espacio fundamental de emancipación cognitiva y cohesión social, un proyecto integral que buscaba formar ciudadanos críticos, técnicamente capaces y profundamente arraigados a su identidad nacional. En contraste, la fractura educativa del México contemporáneo revela un sistema que ha sido progresivamente despojado de su vocación transformadora para ser reducido a un mero mecanismo de formación de capital humano al servicio de las demandas del mercado global. Esta transición no fue un proceso natural de modernización pedagógica, sino una reingeniería ideológica deliberada que sustituyó los fines sociales de la educación por indicadores de eficiencia administrativa y estandarización curricular. Al imponer modelos de competencias descontextualizadas, promovidos por organismos financieros internacionales, se ha erosionado la capacidad del sistema educativo para cuestionar las estructuras de desigualdad, convirtiendo a las nuevas generaciones en engranajes adaptables de una economía precaria en lugar de arquitectos de su propio destino y agentes de cambio estructural.

El desmantelamiento de la soberanía técnica y científica, pilar fundamental del proyecto cardenista, se evidencia en el estrangulamiento presupuestal y la desvalorización sistemática de las instituciones públicas de educación superior e investigación. Donde antes el Estado impulsaba la creación de ingenieros, científicos y técnicos comprometidos con el desarrollo endógeno a través de instituciones como el Instituto Politécnico

Nacional, hoy se fomenta una lógica mercantil que privilegia la educación privada de élite y somete a las universidades públicas a criterios de evaluación externos que nada tienen que ver con las necesidades reales del país. Esta mercantilización del conocimiento ha provocado una fuga de cerebros masiva y una precarización laboral sin precedentes para los académicos e investigadores, quienes deben sobrevivir en un ecosistema de becas temporales y proyectos fragmentados. La consecuencia directa es la pérdida de la capacidad nacional para generar tecnología propia, innovar en sectores estratégicos o resolver los problemas estructurales de la nación, condenando a México a una dependencia tecnológica perpetua que lo relega a la periferia del conocimiento global.

La neutralización ideológica del currículum y la persecución a la autonomía del magisterio representan otro frente de esta fractura, donde la educación cívica e histórica ha sido diluida para evitar cualquier cuestionamiento al statu quo. El cardenismo entendía que el maestro rural era un agente de transformación social, un promotor de la salud, la organización comunitaria y la conciencia de derechos, dotándolo de autoridad moral y respaldo institucional. En la actualidad, el docente ha sido convertido en un burócrata de la evaluación, sometido a pruebas estandarizadas que miden la memorización de contenidos abstractos en lugar de la capacidad pedagógica o el compromiso con su comunidad. La criminalización de la disidencia magisterial y la imposición de reformas educativas sin consenso ni diagnóstico real han roto el vínculo de confianza entre la escuela y la sociedad, generando un clima de desconfianza y resistencia que paraliza cualquier intento genuino de mejora. Esta hostilidad hacia el maestro no es un efecto colateral, sino una estrategia para desarticular al único sector organizado que históricamente ha defendido el carácter público y laico de la educación.

La irrupción de la tecnología en el ámbito educativo, lejos de democratizar el acceso al conocimiento, ha profundizado las brechas de desigualdad bajo la falsa promesa de la modernización digital. Mientras que la visión cardenista buscaba dotar a las escuelas de herramientas que sirvieran al proyecto nacional, la digitalización actual se ha implementado sin la infraestructura básica, la conectividad necesaria ni la formación pedagógica adecuada, especialmente en las zonas rurales e indígenas. Este enfoque superficial ha convertido a la tecnología en un fin en sí mismo, abriendo la puerta a la privatización de las plataformas educativas y a la extracción de datos de los estudiantes por parte de corporaciones tecnológicas globales. La educación a distancia, impuesta de manera abrupta durante las crisis recientes, evidenció la ausencia de una política de Estado que garantice el derecho a la conectividad como un servicio público esencial, dejando a millones de estudiantes en el abandono y demostrando que la tecnología, sin una visión social que la oriente, se convierte en un nuevo mecanismo de exclusión y control.

Recuperar la visión técnica y social del cardenismo en el siglo veintiuno exige una refundación del pacto educativo que coloque a la escuela pública en el centro de la estrategia de desarrollo nacional. Esto implica trascender la retórica de la modernización superficial para invertir de manera sostenida en la infraestructura escolar, la dignificación salarial del magisterio y la creación de un currículum que vincule el conocimiento científico con los saberes comunitarios y los desafíos ambientales del presente. La educación debe volver a ser un acto de soberanía, donde se fomente el pensamiento crítico, la valoración de la diversidad cultural y la formación de capacidades productivas que permitan a las nuevas generaciones construir un país menos dependiente y más justo. El legado de Cárdenas nos interpela a reconocer que no hay proyecto de nación viable sin un proyecto educativo a la altura de sus aspiraciones, y que la verdadera transformación social comienza en las aulas, cuando el Estado asume, sin concesiones, su responsabilidad ineludible de garantizar una educación liberadora, laica, gratuita y de calidad para todos.

21

CAPITULO 17. CORPORATIVISMO SIN BIENESTAR: COMO LOS SINDICATOS PERDIERON SU BRUJULA

El pacto corporativista original, concebido por Lázaro Cárdenas como un mecanismo de integración política y garantía de derechos sociales para la clase trabajadora, sufrió a lo largo de las décadas una mutación perversa que termino por desvirtuar por completo su esencia transformadora. Lo que en sus orígenes fue una alianza estratégica entre el Estado y los sectores populares para consolidar la soberanía nacional y frenar los abusos del capital privado, degenero progresivamente en un sistema de control burocrático y sumisión laboral. Los sindicatos, que nacieron como la vanguardia combativa de la revolución y el escudo protector de los desprotegidos, fueron cooptados por la maquinaria del Estado posrevolucionario, perdiendo su autonomía de clase y su capacidad de presión independiente. Esta subordinación estructural convirtió a las centrales obreras en meros apéndices electorales del partido hegemónicos, transformando la lucha por la justicia social en una transacción administrativa donde los lideres sindicales negociaban su lealtad política a cambio de privilegios personales, mientras que las bases trabajadoras eran condenadas a la inmovilidad y la resignación.

La institucionalización de esta traición histórica se materializo de manera descarnada a través del fenómeno del charrismo y la proliferación sistemática de los contratos de protección. Lideres sindicales corruptos, alejados por completo de la realidad de las fábricas y los campos de trabajo, firmaban acuerdos laborales con los patrones sin el conocimiento, la aprobación o el beneficio real de los trabajadores. Estos contratos colectivos, leoninos y letra muerta en la práctica, legalizaban la explotación, fijaban salarios de miseria y establecían condiciones laborales precarias bajo el manto de la legalidad estatal. El sindicato dejo de ser el representante legítimo de los intereses de la clase obrera para convertirse en el administrador de su propia miseria y el garante de la paz laboral que exigían los capitalistas. Esta dinámica perversa vacío de contenido los derechos constitucionales de asociación y huelga, creando una ficción jurídica donde la supuesta protección laboral era en realidad un instrumento de disciplinamiento y extracción de plusvalía en beneficio de las elites económicas y políticas.

Cuando el modelo neoliberal se impuso con toda su crudeza a partir de la década de los ochenta, la estructura corporativa no fue desmantelada, sino que fue reconfigurada para facilitar el despojo de los derechos históricos de los trabajadores. Los mismos lideres sindicales que en el pasado habían movilizado a las masas para defender conquistas sociales, se transformaron en los principales facilitadores de la flexibilización laboral, la contención salarial y la precarización del empleo. La pérdida catastrófica del poder adquisitivo del salario mínimo y la explosión de la informalidad laboral se ejecutaron con la complicidad activa o la pasividad cobarde de una dirigencia sindical que había perdido por completo su conciencia de clase. Los trabajadores se encontraron absolutamente indefensos ante la embestida del capital transnacional y las políticas de austeridad, descubriendo con amargura que sus propios representantes actuaban como la infantería de un modelo económico que los empobrecía, evidenciando la quiebra moral y política absoluta de las viejas guardias sindicales.

Esta traición sistemática genero una profunda fractura en el seno de la clase trabajadora, dando origen a movimientos sindicalistas independientes y democráticos que libraron una lucha titánica tanto contra el patronazgo como contra la traición de los lideres charros. Organizaciones y sindicatos auténticos emergieron como un intento desesperado por recuperar el espíritu de lucha de clases y la dignidad obrera, enfrentando no solo la represión estatal y empresarial, sino también la violencia intimidatoria de los propios aparatos sindicales oficiales.

Esta guerra intestina debilito enormemente la capacidad de negociación colectiva y la solidaridad de clase, permitiendo al Estado y a los grandes capitales jugar con las facciones obreras para diluir su fuerza histórica. La fragmentación del movimiento obrero dejo a los trabajadores en una condición de vulnerabilidad extrema, incapaces de articular una respuesta unificada frente a los desafíos de la globalización económica y la reestructuración productiva, consolidando un escenario de desolación donde el bienestar colectivo fue sacrificado en el altar de la competitividad empresarial.

El panorama laboral contemporáneo en México se caracteriza por una precarización sin precedentes, la expansión de la economía de plataformas y una debilidad estructural de la negociación colectiva que exige una refundación urgente del pacto social. Las recientes reformas laborales, impulsadas muchas veces por presiones internacionales, buscan democratizar la vida sindical eliminando los contratos de protección y garantizando el voto personal, libre y directo de los trabajadores. Sin embargo, la transformación jurídica es insuficiente si no va acompañada de una ruptura radical con la cultura de sumisión y de una reestructuración económica que priorice el trabajo digno sobre la rentabilidad especulativa. Recuperar la brújula cardenista en el siglo veintiuno no implica retornar al autoritarismo corporativo del pasado, sino construir un nuevo sindicalismo democrático, autónomo y combativo que defienda los derechos de los trabajadores en la era digital. La sombra del General nos recuerda que sin una clase trabajadora fuerte, organizada y consciente, cualquier proyecto de soberanía nacional y justicia social está condenado al fracaso y a la irrelevancia histórica.

22

CAPITULO 18. LA CRISIS DE SEGURIDAD: EL VACIO DEL ESTADO EN EL TERRITORIO NACIONAL

La crisis de seguridad que desgarra el tejido social del México contemporáneo no puede ser comprendida como un simple fallo operativo de las fuerzas del orden o como una anomalía transitoria, sino que constituye la manifestación más violenta y letal del vacío histórico del Estado en su propio territorio. Durante el proyecto cardenista, la construcción de la paz social se fundamentó en la premisa de que el monopolio de la fuerza legitima solo es sostenible cuando el Estado ejerce una presencia integral que garantiza justicia, bienestar y soberanía económica. El general Cárdenas entendió que la seguridad pública no es una cuestión meramente policial, sino la consecuencia directa de la cohesión social y la equidad distributiva. Al desmantelar el Estado de bienestar y abandonar las políticas de rectoría económica, las administraciones neoliberales generaron un desierto institucional en las periferias urbanas y las zonas rurales, creando las condiciones perfectas para que el crimen organizado y los poderes facticos llenaran ese vacío de autoridad. La tragedia actual reside en que el Estado ha abdicado de su función primordial de proteger a los desprotegidos, dejando a millones de ciudadanos a merced de una violencia endémica que refleja la quiebra absoluta del pacto social.

El desmantelamiento de las instituciones de seguridad y justicia bajo el paradigma neoliberal revelo una estrategia de desinstitucionalización que priorizo la estabilidad macroeconómica y el cumplimiento de los acuerdos comerciales sobre la integridad física de la población. La reducción del gasto público afecto de manera catastrófica a los sistemas de inteligencia, prevención del delito y reinserción social, convirtiendo a las corporaciones policiales en cuerpos reactivos, mal pagados y altamente vulnerables a la corrupción y a la cooptación por parte de las organizaciones delictivas. Lejos de construir una arquitectura de seguridad ciudadana basada en la prevención y la inteligencia, se optó por una militarización reactiva y descontextualizada que, al carecer de un proyecto de paz social y de una depuración profunda de las instituciones de procuración de justicia, termino por agravar la espiral de violencia. Esta fragmentación del aparato coercitivo del Estado demostró que la fuerza pública, cuando no está subordinada a un proyecto nacional de justicia y respaldada por un tejido social fuerte, se convierte en un instrumento de opresión o en un actor más dentro del mercado de la violencia, traicionando la visión cardenista de un ejército y una policía al servicio exclusivo de la nación y sus instituciones civiles.

La dimensión geopolítica y económica de la crisis de seguridad es un elemento ineludible que vincula la violencia domestica con la subordinación de México en el sistema mundo. El auge de las economías criminales no es un fenómeno aislado, sino el subproducto de la asimetría en el mercado global de sustancias ilícitas, el flujo descontrolado de armas de alto poder desde el norte y la falta de oportunidades económicas formales derivada del abandono del campo y la desindustrialización. El Estado mexicano, al renunciar a su soberanía económica y a su capacidad para generar desarrollo endógeno, perdió las herramientas para ofrecer alternativas de vida a las juventudes marginadas, quienes son reclutadas sistemáticamente por estas estructuras paralelas. Además, la incapacidad del Estado para controlar sus propias fronteras y regular los flujos financieros ilícitos evidencia una soberanía truncada, donde las decisiones de seguridad nacional están condicionadas por las agendas de seguridad exterior de las potencias hegemónicas. Esta realidad contrasta dramáticamente con la época cardenista, donde el Estado imponía su autoridad territorial mediante el control de los recursos estratégicos y la integración económica de las regiones, demostrando que la soberanía territorial es inseparable de la soberanía económica.

El impacto de este vacío estatal en la democracia y la vida cotidiana de los ciudadanos ha provocado una fractura ontológica en la concepción misma de la ciudadanía. En el proyecto cardenista, el ciudadano era un sujeto de derechos protegido por un Estado escudo; en el México actual, el individuo es un objeto de vulnerabilidad constante, obligado a navegar un territorio fragmentado por zonas de impunidad y autoridades coludidas. Esta crisis de seguridad no solo cobra cientos de miles de vidas, sino que destruye la capacidad de asociación, limita la libertad de tránsito, silencia a la prensa y anula la participación política, convirtiendo a la democracia en un ritual vacío en las regiones donde el crimen organizado dicta las reglas. La impunidad sistemática, que roza niveles alarmantes en los delitos de alto impacto, no es un fallo técnico del sistema judicial, sino una característica estructural de un Estado que ha perdido el monopolio de la justicia. Recuperar el territorio nacional exige comprender que la paz no se decreta con operativos mediáticos, sino que se construye mediante la restauración de la autoridad civil, la erradicación de la corrupción en los tres niveles de gobierno y la reconstrucción de un sistema de justicia que sea accesible, rápido y equitativo para todas las clases sociales.

Rescatar la brújula cardenista para enfrentar la crisis de seguridad en el siglo veintiuno implica trascender la falsa dicotomía entre la represión militar y la permisividad, proponiendo una estrategia integral de reconstrucción del Estado de Bienestar como la única respuesta viable a la violencia. La seguridad pública debe ser entendida como la última ratio de un Estado que ha agotado todas las vías de la inclusión social, la educación, la salud y el empleo digno. Esto requiere una reingeniería profunda de las instituciones de seguridad, basada en la depuración total de los cuerpos policiales, la profesionalización de las carreras de seguridad y justicia, y la implementación de sistemas de inteligencia civil que prioricen la prevención y la desarticulación financiera del crimen organizado sobre la confrontación armada. Asimismo, exige que el Estado recupere su presencia física y social en las comunidades más marginadas, no solo con elementos armados, sino con escuelas, hospitales, infraestructura y programas de desarrollo productivo. La sombra del General nos recuerda que la paz verdadera es la ausencia de violencia estructural y la presencia de justicia, y que solo un Estado soberano, fuerte y comprometido con su pueblo puede arrebatarle el territorio a la barbarie y devolverle a la nación la tranquilidad y la dignidad que le fueron arrebatadas.

23

CAPITULO 19. LA POLITICA EXTERIOR EN EL SIGLO XXI: ENTRE LA SUMISION Y LA IRRELEVANCIA

La política exterior de México en el siglo veintiuno ha transitado de manera alarmante desde los altos principios de dignidad, asilo y no intervención que caracterizaron al cardenismo, hacia un escenario marcado por la sumisión automática y una creciente irrelevancia en el concierto de las naciones. Donde antes el Estado mexicano se erigía como una potencia moral y un faro de resistencia antiimperialista en America Latina, hoy se ha reducido a un espectador silencioso que prioriza la complacencia diplomática sobre la defensa de los intereses nacionales. Esta transformación no fue un accidente histórico, sino el resultado deliberado de una doctrina que subordino la soberanía política a los imperativos del libre comercio y la alineación estratégica con la potencia hegemónica del norte. Al abandonar la Doctrina Estrada en la práctica y renunciar al liderazgo ético regional, México perdió su voz propia, aceptando un rol secundario que le impide influir en las decisiones globales que afectan directamente su destino, su seguridad y su desarrollo económico.

Los mecanismos de esta subordinación se han institucionalizado a través de tratados comerciales asimétricos y una visión de la diplomacia reducida a la mera promoción de inversiones y el turismo. Bajo el pretexto de la modernización y la competitividad, los gobiernos recientes han aceptado condiciones que limitan la capacidad del Estado para regular su propia economía o defender a sus ciudadanos frente a las corporaciones transnacionales. La política exterior se ha convertido en un apéndice de la política comercial, donde cualquier gesto de independencia o solidaridad con pueblos oprimidos es inmediatamente censurado por el temor a represalias económicas o diplomáticas. Esta autocensura sistemática ha llevado al país a guardar un cómplice silencio ante violaciones al derecho internacional y a alinear sus votos en organismos multilaterales con los intereses de las potencias dominantes, traicionando la tradición de independencia que alguna vez permitió a México ser el puente entre el norte y el sur global y el defensor incansable de la autodeterminación de los pueblos.

En un contexto geopolítico mundial que se reconfigura aceleradamente hacia un orden multipolar, con el ascenso de nuevos bloques de poder como China, Rusia y las economías emergentes del Sur Global, la falta de una estrategia soberana coloca a México en una posición de extrema vulnerabilidad. En lugar de aprovechar su ubicación geográfica, su riqueza cultural y su historia de resistencia para construir una posición negociadora fuerte e independiente, el país ha permitido ser tratado exclusivamente como un patio trasero o una plataforma de maquila para las cadenas de suministro norteamericanas. Esta miopía estratégica impide que México diversifique sus relaciones internacionales, fortalezca la integración latinoamericana real y participe activamente en la construcción de una nueva arquitectura financiera y comercial global. La ausencia de una visión geopolítica de largo plazo condena a la nación a ser un peón en el tablero de las grandes potencias, sujeto a los vaivenes de sus conflictos y dependiente de sus concesiones, en lugar de ser un actor soberano con agenda propia.

La manifestación más dolorosa de esta pérdida de soberanía se observa en la gestión de los flujos migratorios, donde México ha sido coaccionado para externalizar las políticas de seguridad fronteriza de Estados Unidos en su propio territorio. Lejos de la tradición cardenista de ofrecer asilo y solidaridad a los perseguidos, el Estado mexicano ha sido obligado a actuar como un muro de contención, militarizando su frontera sur y criminalizando a miles de migrantes centroamericanos que solo buscan un futuro digno. Esta política de contención, impuesta bajo la amenaza de aranceles y presiones diplomáticas, no solo viola los derechos humanos fundamentales, sino que degrada la posición moral del país y convierte a sus propias instituciones de seguridad en instrumentos de represión al servicio de una agenda extranjera. La transformación de México de un histórico refugio de libertad a un carcelero regional representa una de las traiciones más profundas a la esencia humanista y solidaria que alguna vez definió su identidad internacional.

Recuperar la brújula cardenista en la política exterior del siglo veintiuno exige un giro radical que trascienda la retórica y se concrete en acciones que reafirmen la independencia y la dignidad nacional. Esto no implica un aislacionismo ingenuo, sino el desarrollo de una diplomacia activa, diversificada y principista que utilice las relaciones internacionales como una herramienta para el desarrollo soberano y la defensa de los derechos humanos. México debe reasumir su liderazgo natural en America Latina, impulsando mecanismos de integración regional que no estén supeditados a los designios de Washington, y fortalecer sus lazos con las naciones del Sur Global en condiciones de mutuo respeto y beneficio. El legado de Lázaro Cárdenas nos recuerda que la verdadera grandeza de una nación no se mide por su capacidad de complacer a los imperios, sino por su valentía para defender sus principios en cualquier tribuna del mundo, demostrando que la soberanía es el único fundamento sobre el cual se puede construir una paz justa y un futuro próspero para el pueblo mexicano.

24

CAPITULO 20. TECNOCRACIA VS. ESTADISTAS: POR QUE LA BUENA ADMINISTRACION NO SUPLE LA FALTA DE PROYECTO

La sustitución histórica del estadista por el tecnócrata representa una de las mutaciones más letales para la supervivencia del Estado mexicano moderno, una transición que confundió la eficiencia administrativa con la grandeza nacional. Mientras el estadista opera desde una visión teleológica, asumiendo la política como el arte de forjar un destino colectivo y garantizar la soberanía frente a las presiones externas, el tecnócrata se limita a gestionar el presente como un mero administrador de recursos escasos, subordinando el bien común a los imperativos del mercado y la estabilidad macroeconómica. Esta degradación de la función pública no fue un simple cambio de perfil profesional, sino una imposición ideológica diseñada para vaciar de contenido político las decisiones de Estado, presentando ajustes estructurales, privatizaciones y recortes presupuestales como ecuaciones matemáticas neutrales e inevitables. Al reducir la política a un problema de contabilidad, el país quedó a merced de gerentes sin patria, expertos en optimizar balances corporativos pero absolutamente analfabetos en la historia, la sociología y la defensa de los intereses estratégicos de la nación.

La ilusión de la neutralidad técnica constituye la falacia central sobre la que se erigió el modelo neoliberal, permitiendo que una élite de egresados de las mejores universidades extranjeras impusiera una agenda de desmantelamiento sin someterla al escrutinio democrático ni al debate ideológico. Los tecnócratas se presentan a sí mismos como servidores públicos desprovistos de intereses de clase, cuya única lealtad es hacia la eficiencia y el crecimiento, ocultando que sus decisiones siempre benefician a los sectores concentrados del capital mientras socializan las pérdidas entre las mayorías. Esta ceguera voluntaria los lleva a confundir un país con una empresa, ignorando que la nación no busca la rentabilidad del accionista, sino la cohesión social, la justicia distributiva y la independencia frente a los imperios. Cuando la administración pública se divorcia de la realidad material de los pueblos y se obsesiona con los indicadores bursátiles y las calificadoras de riesgo, el Estado pierde su capacidad de respuesta ante las crisis, convirtiendo la buena administración en una herramienta de anestesia social mientras el tejido comunitario se desintegra.

El contraste con la época cardenista resulta abismal y revelador, pues Lázaro Cárdenas no fue un administrador de turnos, sino un estadista integral que subordinó el conocimiento técnico y la burocracia a un proyecto nacional claro, inquebrantable y profundamente popular. Cárdenas comprendió que la soberanía no se decreta con discursos, sino que se construye mediante decisiones políticas de alto riesgo, como la expropiación petrolera o el reparto agrario masivo, las cuales requerían audacia, legitimidad popular y una comprensión cabal de la correlación de fuerzas internacional. En su gobierno, los expertos, ingenieros y economistas eran herramientas al servicio de la visión de Estado, no los dictadores de la política pública. Esta jerarquía correcta entre el proyecto político y la administración técnica permitió que México enfrentara crisis globales con autonomía, demostrando que la verdadera capacidad de un gobierno no se mide por su habilidad para mantener las finanzas públicas cuadradas, sino por su voluntad de transformar las estructuras de poder para emancipar a su pueblo y proteger su territorio.

Las consecuencias de décadas de gestión tecnocrática se manifiestan hoy en la profunda orfandad de proyecto que padece el país, un vacío que ha dejado a la nación a la deriva frente a los desafíos de la globalización, la crisis climática y la recomposición geopolítica. La supuesta modernidad de los gerentes neoliberales no evitó la destrucción del aparato productivo, la dependencia alimentaria, la precarización laboral ni la explosión de violencia que hoy desgarra el territorio, simplemente administró el declive con eficiencia contable. Al no existir un rumbo nacional definido, las instituciones se convirtieron en aparatos burocráticos autorreferenciales, diseñados para cumplir con los requisitos de los organismos internacionales de crédito en lugar de resolver los problemas estructurales de las comunidades. La buena administración sin proyecto es, en última instancia, la forma más sofisticada de la claudicación, pues permite que las fuerzas del mercado y las potencias extranjeras determinen el destino del país mientras los funcionarios se congratulan por mantener la estabilidad nominal de las variables macroeconómicas.

Recuperar el rumbo en el siglo veintiuno exige la urgente refundación de una clase política que abandone la obsesión por el malajemente corporativo y abrace nuevamente la vocación de estadistas. México no necesita mejores contadores ni gerentes de recursos humanos, sino arquitectos de un nuevo pacto social que coloquen la soberanía, la justicia y el bienestar colectivo por encima de los dogmas fiscales. Esto implica recuperar la capacidad de planificación estratégica del Estado, revalorizar el papel de las instituciones públicas como motores de desarrollo y formar una nueva generación de servidores públicos con conciencia histórica y lealtad inquebrantable a la nación. El legado de Cárdenas nos interpela a comprender que la política no es una técnica de gestión, sino la disputa por el destino de la patria, y que solo aquellos líderes capaces de articular un proyecto de futuro, movilizar las energías del pueblo y enfrentar a los poderes fácticos con dignidad y firmeza, estarán a la altura del desafío de construir un México verdaderamente libre, justo y soberano.

25

CAPITULO 21. EL FALSO PROGRESISMO LATINOAMERICANO: RETORICA SIN REFORMAS ESTRUCTURALES

El surgimiento de una ola de gobiernos autodenominados progresistas en America Latina a principios del siglo veintiuno presento una paradoja histórica que exige un análisis crítico y desprovisto de ilusiones ideológicas. Estas administraciones, si bien utilizaron una retórica de izquierda, justicia social y antiimperialismo, se caracterizaron por mantener intacta la matriz económica neoliberal heredada de las décadas anteriores. A diferencia del proyecto cardenista, que asumió el riesgo histórico de transformar las bases materiales de la propiedad, nacionalizar los recursos estratégicos y reestructurar el Estado para subordinar el capital al trabajo, el falso progresismo se limitó a administrar el modelo extractivista con un rostro más humano. Esta cobardía estructural se manifestó en la negativa a tocar los privilegios de las oligarquías financieras, los monopolios mediáticos y los grandes terratenientes, demostrando que la mera declaración de intenciones sociales es insuficiente si no se acompaña de una ruptura consciente con los mecanismos de acumulación que generan la desigualdad y la dependencia.

La ilusión de la reducción de la pobreza y el aumento del consumo popular durante estos gobiernos se sustentó fundamentalmente en el ciclo alcista de los precios de las materias primas, y no en una transformación productiva real. Al depender exclusivamente de la renta extractiva, estos regímenes financiaron programas de asistencia social que, si bien aliviaron momentáneamente la miseria extrema, no generaron movilidad social ascendente ni modificaron la distribución del ingreso en los estratos superiores. Esta dinámica consolido un modelo de neodesarrollismo que profundizo la dependencia de la exportación de recursos naturales, sacrificando la soberanía ambiental y los derechos de las comunidades originarias en aras de la recaudación fiscal. El contraste con el nacionalismo económico de Cárdenas es abismal, pues mientras el general michoacano utilizo la renta petrolera para construir infraestructura, industria y soberanía técnica, los falsos progresistas utilizaron la renta minera y agrícola para sostener el consumo importado, dejando a sus países más vulnerables que nunca ante la volatilidad de los mercados globales.

La debilidad institucional de estos proyectos políticos radico en su incapacidad para construir un nuevo bloque hegemónico y en su temor a democratizar realmente el aparato de Estado. Lejos de emprender una depuración de los poderes judiciales, las burocracias centrales y los organismos autónomos heredados del neoliberalismo, los gobiernos progresistas optaron por la cooptación y el pacto con las elites tradicionales. Esta decisión estratégica fatal permitió que los poderes facticos conservaran sus mecanismos de veto y sabotaje, los cuales fueron activados en cuanto el ciclo económico favorable termino. El cardenismo, por el contrario, comprendido que no se puede edificar una nueva república sobre los cimientos podridos del viejo orden, y por ello procedió a reestructurar el ejército, reformar la constitución y crear instituciones completamente nuevas que encarnaran el proyecto nacional. Al no replicar esta audacia refundacional, el falso progresismo quedo atrapado en una red institucional hostil que termino por asfixiar sus tímidos intentos de reforma y facilitar el retorno de las derechas más reaccionarias.

En el ámbito geopolítico, esta corriente latinoamericana exhibió una contradicción flagrante entre su discurso de integración regional y su práctica de subordinación económica. Si bien se promovieron organismos de cooperación diplomática, no se avanzó en la construcción de una verdadera soberanía económica continental, ni en la creación de bancos del sur con capacidad real de financiamiento autónomo, ni en la planificación conjunta de cadenas de valor industriales. La supuesta multipolaridad se tradujo simplemente en la diversificación de los socios comerciales, entregando los recursos estratégicos a nuevas potencias extractivistas sin exigir la transferencia tecnológica ni el desarrollo endógeno que caracterizo la visión cardenista. México, bajo la influencia de estas corrientes o por su propia deriva neoliberal, perdió el liderazgo moral que le permitía articular una defensa común de la región frente a los imperios. La falta de un proyecto geopolítico soberano dejo a America Latina fragmentada y vulnerable, demostrando que la retórica no sustituye a la planificación estratégica ni a la voluntad de hierro necesaria para confrontar el orden económico internacional.

El legado más amargo de esta experiencia es el desencanto popular y el consiguiente ascenso de las ultraderechas en diversos países de la región, fenómeno que no es más que la respuesta punitiva de las clases dominantes ante el miedo que les infundio la mera presencia de gobiernos de izquierda. Al no haber transformado las estructuras profundas de la economía y la sociedad, el falso progresismo no logro arraigar una conciencia de clase ni una organización popular independiente que pudiera defender las conquistas obtenidas. Cuando la crisis llego, las masas se encontraron desarmadas institucionalmente y sin un proyecto de nación que las convocara a la defensa del modelo. La lección que emana de este fracaso y que resuena con la sombra del General es ineludible: la transformación social no se archive mediante la gestión administrativa de la pobreza ni mediante la conciliación de clases con las elites depredadoras. Solo un liderazgo estadista, dispuesto a sacrificar la complacencia internacional y a desmantelar los núcleos de poder que oprimen al pueblo, puede garantizar que los cambios sean irreversibles y que la soberanía nacional deje de ser un eslogan para convertirse en una realidad material e inquebrantable.

26

CAPITULO 22. EXTRACTIVISMO MODERNO: LA NUEVA COLONIZACION DE LOS RECURSOS EN EL SIGLO XXI

El extractivismo moderno en America Latina representa una mutación perversa y sofisticada de las antiguas lógicas coloniales de despojo, adaptada a las exigencias de la globalización financiera y las cadenas de suministro transnacionales. A diferencia del extractivismo primario de épocas anteriores, centrado en la extracción física de oro, plata o petróleo, el modelo contemporáneo abarca la mercantilización de la naturaleza en su totalidad, incluyendo la biodiversidad, los recursos hídricos, los conocimientos ancestrales y los ecosistemas completos. Esta nueva fase de acumulación por desposesión no requiere necesariamente de la ocupación militar directa, sino que se ejecuta mediante marcos jurídicos internacionales, tratados de libre comercio y mecanismos de arbitraje que blindan las inversiones extranjeras frente a cualquier regulación soberana. El Estado nacional, en lugar de actuar como el árbitro supremo y defensor del patrimonio común que imaginaba el cardenismo, ha sido reducido a un mero facilitador administrativo que otorga concesiones, flexibiliza las normativas ambientales y reprime la disidencia social, entregando la riqueza biológica y mineral de la región a un circuito financiero global que captura la renta sin generar desarrollo endógeno ni bienestar para las poblaciones locales.

La arquitectura jurídica e institucional de este neoextractivismo se sustenta en la ficción de la seguridad jurídica para el inversionista, un eufemismo que encubre la subordinación absoluta de la soberanía legislativa y judicial de los países latinoamericanos a los intereses corporativos. Los capitales transnacionales, respaldados por sus gobiernos de origen y por organismos multilaterales de crédito, imponen condiciones leoninas que garantizan la repatriación de utilidades y la inmunidad frente a las leyes ambientales o laborales locales. Cuando un Estado intenta recuperar el control de sus recursos o implementar políticas de protección ecológica, es inmediatamente sancionado con demandas millonarias en tribunales internacionales de arbitraje, un mecanismo que paraliza la voluntad política y perpetua el despojo. Esta dinámica revela la continuidad histórica de la dependencia estructural, donde las elites locales cómplices y las corporaciones globales se reparten la renta extractiva, dejando para el pueblo los pasivos ambientales, la destrucción de los medios de vida tradicionales y la degradación irreversible de los territorios. La ilusión del desarrollo sostenible o la minería verde no es más que una cortina de humo ideológica para justificar la continuación de un modelo que trata a la naturaleza y a las comunidades como meros insumos desechables en la maquinaria de la acumulación capitalista.

El impacto territorial y social de esta nueva colonización de los recursos ha devastado el tejido comunitario de las zonas rurales e indígenas, transformándolas en zonas de sacrificio para la economía global. Las comunidades que históricamente habían sido los guardianes de la biodiversidad y los sujetos centrales de la reforma agraria cardenista, hoy son criminalizadas, desplazadas y violentadas cuando se oponen a la instalación de megaproyectos mineros, hidroeléctricas o monocultivos agroindustriales. La defensa del territorio se ha convertido en un acto de alta resistencia, donde lideres ambientales y defensores de derechos humanos son sistemáticamente estigmatizados como enemigos del progreso o colaboradores del terrorismo, enfrentando campañas de desprestigio mediático, persecución judicial y, en muchos casos, el asesinato. Esta violencia estructural evidencia la quiebra del pacto social y la incapacidad del Estado para garantizar la vida y la autodeterminación de sus ciudadanos más vulnerables. Lejos de la visión cardenista que integraba al campesino y al indígena como pilares de la nación y sujetos de derechos, el extractivismo moderno los reduce a obstáculos estadísticos que deben ser removidos para garantizar el flujo ininterrumpido de materias primas hacia los centros de poder económico global.

En el ámbito geopolítico, la transición energética global ha exacerbado esta dinámica extractivista, convirtiendo a America Latina en el nuevo patio trasero de la llamada economía verde. La demanda insaciable de litio, cobre, tierras raras y minerales críticos por parte de las potencias industriales del norte ha desencadenado una nueva fiebre del oro blanco, amenazando con reproducir los mismos patrones de saqueo que caracterizaron al ciclo del petróleo y la plata. Sin embargo, a diferencia de la época cardenista, donde la nacionalización del petróleo permitió a México construir una industria estatal soberana, los gobiernos latinoamericanos contemporáneos carecen de la visión estratégica y la voluntad política para formar un cartel de minerales críticos o para exigir la transferencia tecnológica y el procesamiento local de estos recursos. La región se conforma con exportar materia prima barata e importar tecnología cara, perpetuando su condición de periferia subordinada. La supuesta lucha contra el cambio climático se utiliza así como una justificación moral para acelerar el despojo territorial en el sur global, demostrando que sin soberanía económica y planificación regional, la transición ecológica se convertirá en un nuevo mecanismo de recolonización que beneficiara a las mismas corporaciones que causaron la crisis climática.

Romper este ciclo de recolonización extractivista exige una ruptura radical con el paradigma del crecimiento ilimitado y una recuperación critica de los principios de soberanía y justicia social que inspiraron al cardenismo. No se trata de volver a un extractivismo estatal burocrático que también destruyo ecosistemas, sino de construir un nuevo pacto eco social que subordine la explotación de los recursos a las necesidades reales de la población y a los limites biofísicos del planeta. Esto implica nacionalizar estratégicamente los sectores clave, prohibir las concesiones en territorios sagrados o de alta vulnerabilidad ecológica, y democratizar la gestión del territorio mediante la consulta libre, previa e informada de las comunidades. El legado de Lázaro Cárdenas nos ensena que la verdadera independencia no solo requiere el control político de las instituciones, sino la apropiación social de la riqueza natural, garantizando que esta sirva para financiar el bienestar colectivo y la transición hacia una economía verdaderamente sostenible. Solo mediante una redefinición profunda de la relación entre la nación y sus recursos, donde el Estado actúe como el escudo inquebrantable de la vida frente a la codicia financiera, America Latina podrá dejar de ser la bodega de recursos del mundo y convertirse en el arquitecto de su propio destino civilizatorio.

CAPITULO 23. LIDERAZGOS MESIANICOS VS. CONSTRUCCION INSTITUCIONAL: EL ERROR REGIONAL

La historia política de America Latina ha estado cíclicamente atrapada en la seducción destructiva del liderazgo mesiánico, un fenómeno que contrasta dramáticamente con la paciente y solida construcción institucional que caracterizo al proyecto cardenista. Mientras la región ha producido reiteradamente caudillos que prometen la redención de las masas a través de su voluntad personal y carisma inigualable, Lázaro Cárdenas comprendido que la verdadera transformación social no reside en la figura del salvador, sino en la arquitectura del Estado. El mesianismo, con su retórica grandilocuente y su centralización del poder en un solo individuo, genera una ilusión de cambio que oculta la fragilidad estructural de las naciones. Al personalizar la esperanza y la justicia en un líder, se desmoviliza a la ciudadanía y se impide el desarrollo de una conciencia colectiva capaz de sostener las reformas. El cardenismo, por el contrario, demostró que la grandeza de un estadista no se mide por el culto a su personalidad, sino por su capacidad para forjar instituciones impersonales, democráticas y duraderas que sobrevivan a su mandato y salvaguarden los intereses de la nación frente a las ambiciones facciosas.

Las raíces de esta patología política regional se hunden en el legado colonial y en la cultura del caudillismo que fracturo a las jóvenes republicas tras su independencia. La ausencia de una tradición democrática sólida y la profunda desigualdad social crearon un caldo de cultivo perfecto para que las masas oprimidas buscaran en un líder fuerte y paternalista la resolución de sus miserias. Este imaginario colectivo, alimentado por la desesperación y la falta de canales institucionales efectivos, convierte a los lideres mesiánicos en figuras cuasi divinas, incapaces de ser cuestionadas por sus bases. Sin embargo, esta dinámica es intrínsecamente antidemocrática y contraproducente, pues al concentrar todas las decisiones en el capricho del líder, se anula el debate público, se destruyen los contrapesos de poder y se subordina el bien común a la supervivencia política del caudillo. La región ha pagado un precio altísimo por este error, padeciendo dictaduras crónicas, transiciones caóticas y el desmantelamiento sistemático de los pocos avances sociales logrados, todo ello bajo la sombra de lideres que confundieron el Estado con su propio patrimonio.

Las consecuencias históricas de priorizar el mesianismo sobre la institucionalidad son devastadoras y se reflejan en la crónica inestabilidad de los Estados latinoamericanos. Cuando el poder depende exclusivamente de la vitalidad o la astucia de un individuo, la muerte, el retiro o el desprestigio del líder provocan vacíos de autoridad que derivan en guerras civiles, golpes de estado o regresiones autoritarias. El contraste con la decisión de Cárdenas de entregar el poder pacíficamente y desarmar a las milicias para subordinarlas al ejército federal es, por tanto, una lección magistral de ingeniería política. Al renunciar a perpetuarse en el poder y al aceptar la transición hacia un gobierno civil y conciliador, Cárdenas mato al caudillo para dar nacimiento al presidente institucional. Este sacrificio del ego personal en aras de la continuidad del proyecto nacional es la antítesis del mesianismo regional y representa el único camino viable para romper el ciclo de esperanza y frustración que ha condenado a America Latina al subdesarrollo político.

En el siglo veintiuno, este error regional ha mutado y se ha disfrazado con las estéticas de la izquierda y el progresismo, dando lugar a nuevos populismos que replican las mismas dinámicas caudillistas. Lideres contemporáneos han llegado al poder atacando a las instituciones liberales, calificándolas de obstáculos para la voluntad popular, solo para reemplazarlas con aparatos burocráticos diseñados para su control absoluto. Esta falsa dicotomía entre el pueblo y las instituciones es la herramienta predilecta del mesianismo moderno, pues permite al líder gobernar por decreto, cooptar los poderes judiciales y electoral, y perseguir a la disidencia en nombre de una supuesta revolución permanente. Sin embargo, al destruir los mecanismos de rendición de cuentas y la autonomía técnica del Estado, estos regímenes terminan por incapacitar al gobierno para implementar políticas publicas efectivas. La falta de instituciones sólidas convierte a estos proyectos en meros ejercicios de distribución de renta extractiva, que colapsan en cuanto cambian las condiciones económicas internacionales, dejando a la sociedad más empobrecida y dividida que antes.

Recuperar la brújula cardenista para el futuro de America Latina exige desterrar definitivamente la ilusión del salvador y abrazar la ardua tarea de la construcción institucional. La verdadera soberanía no se conquista con discursos inflamatorios ni con la sumisión de los poderes del Estado a un solo hombre, sino con el fortalecimiento de un aparato publico capaz, transparente y subordinado a la ley. El legado de Lázaro Cárdenas nos interpela a comprender que la democracia y la justicia social requieren de reglas claras, impersonales y respetadas por todos, incluyendo a quienes detentan el poder. Un Estado fuerte no es aquel que obedece ciegamente a un líder carismático, sino aquel que posee la capacidad técnica y política para planificar el desarrollo, regular los mercados y garantizar los derechos de los ciudadanos sin depender de la buena voluntad de un gobernante de turno. Solo superando la tentación mesiánica y apostando por la solidez de las instituciones, America Latina podrá transitar hacia una verdadera madurez política, dejando atrás los espejismos del caudillismo para forjar un destino común basado en la ley, la equidad y la dignidad inquebrantable de sus pueblos.

27

CAPITULO 24. LA DEBILIDAD GEOPOLITICA DE AMERICA LATINA FRENTE A LOS NUEVOS BLOQUES (EE. UU., CHINA, RUSIA)

La transición hacia un orden mundial multipolar, caracterizado por la declinación relativa de la hegemonía unipolar estadounidense y el ascenso asertivo de potencias revisionistas como China y Rusia, ha expuesto de manera cruda la profunda debilidad geopolítica de América Latina. A diferencia de otras regiones del mundo que han logrado consolidar bloques de integración económica y política que les permiten negociar con las grandes potencias desde una posición de fuerza colectiva, la región latinoamericana permanece fragmentada, desarticulada y sumida en una crónica incapacidad para proyectar un proyecto de destino común. Esta vulnerabilidad estructural no es un fenómeno natural ni una fatalidad geográfica, sino el resultado histórico de la falta de una visión estratégica continental y de la persistente subordinación de sus élites dirigentes a los intereses de los centros de poder global. Mientras Europa, el sudeste asiático y hasta el norte de África han desarrollado mecanismos de cohesión que les otorgan relevancia en el tablero internacional, América Latina sigue siendo tratada por los grandes actores globales no como un interlocutor soberano, sino como un vasto territorio de recursos a ser explotado, un mercado cautivo o un patio trasero donde se dirimen conflictos ajenos a sus intereses nacionales.

La relación con Estados Unidos sigue siendo el eje gravitacional que condiciona, limita y distorsiona la autonomía geopolítica de los países latinoamericanos, a pesar de la retórica ocasional de independencia. Washington ha perfeccionado sus mecanismos de dominación, transitando de la intervención militar directa de las primeras décadas del siglo veinte a un esquema de hegemonía financiera, comercial y de seguridad que asfixia cualquier intento de integración regional autónoma. A través de la imposición de tratados de libre comercio bilaterales y asimétricos, la utilización del sistema financiero internacional como arma coercitiva y la instrumentalización de la lucha contra el narcotráfico y los flujos migratorios, Estados Unidos logra mantener a la región en un estado de dependencia estructural. La tragedia geopolítica radica en que, al no existir un bloque latinoamericano sólido que negocie en conjunto, cada país es obligado a enfrentar unilateralmente el poderío estadounidense, lo que resulta en concesiones humillantes en materia de soberanía, política exterior y control territorial. Esta dinámica impide que la región adopte posturas comunes en foros internacionales, garantizando que América Latina permanezca como un espacio de influencia exclusiva de Washington, incapaz de articular una política exterior propia que defienda sus intereses en el nuevo contexto global.

La irrupción de China en América Latina ha sido celebrada por algunos sectores como una oportunidad para diversificar las dependencias externas y contrarrestar la hegemonía estadounidense, pero un análisis riguroso revela que esta relación se ha convertido en una nueva trampa de subordinación económica. Pekín no ha llegado a la región como un aliado ideológico dispuesto a fomentar el desarrollo industrial endógeno o la transferencia tecnológica, sino como un gigante pragmático que busca asegurar el flujo ininterrumpido de materias primas, alimentos y energía para sostener su propio modelo de crecimiento. La inversión china se ha concentrado masivamente en proyectos extractivistas e infraestructura orientada a la exportación, consolidando un patrón comercial primario-exportador que profundiza la desindustrialización y la vulnerabilidad de las economías latinoamericanas. Además, el endeudamiento masivo con instituciones financieras chinas ha creado una dependencia que, aunque distinta a la del Fondo Monetario Internacional, no deja de ser coercitiva, otorgando a Pekín una influencia política significativa sin exigir contrapartidas en materia de democracia, derechos laborales o soberanía ambiental. Así, el riesgo de cambiar una dependencia histórica por una nueva tutela tecnológica y financiera amenaza con condenar a la región a una condición de semicolonial en la era digital.

En este complejo tablero de ajedrez global, la presencia de Rusia en América Latina responde fundamentalmente a una lógica de disrupción y de proyección de poder simbólico, más que a una visión de desarrollo compartido. Moscú ha utilizado a la región como un escenario para desafiar a Estados Unidos, estableciendo alianzas tácticas con gobiernos anti hegemónicos, vendiendo equipamiento militar y ofreciendo apoyo diplomático en organismos internacionales. Sin embargo, la capacidad económica rusa es insuficiente para ofrecer a América Latina una alternativa real de integración comercial, inversión productiva o desarrollo tecnológico comparable a la que ofrecen Estados Unidos o China. Esta limitación estructural convierte a los vínculos con Rusia en meros instrumentos de retórica geopolítica para los gobiernos latinoamericanos que buscan proyectar una imagen de multipolaridad, pero que en la práctica carecen de sustento material. El peligro de esta dinámica es que América Latina termine siendo utilizada como un peón en los conflictos de gran potencia entre Washington, Moscú y Pekín, asumiendo los costos políticos y diplomáticos de estas tensiones sin obtener ningún beneficio estructural para su propio desarrollo. La falta de una política exterior pragmática y soberana lleva a los países de la región a alinearse con potencias que solo los ven como fichas de intercambio en sus propias disputas imperiales.

Frente a este panorama de extrema vulnerabilidad y fragmentación, el legado del general Lázaro Cárdenas ofrece la única brújula viable para la supervivencia geopolítica de América Latina en el siglo veintiuno: la construcción de una soberanía regional basada en la integración económica y la solidaridad política. El nacionalismo cardenista, que logró consolidar el Estado mexicano frente a las presiones imperiales de su época, debe ser escalado a una dimensión continental para enfrentar los desafíos de la globalización. Esto implica trascender los meros acuerdos diplomáticos y avanzar hacia una verdadera unión aduanera, un sistema financiero regional autónomo, cadenas de valor integradas y una política de defensa común que disuada cualquier intervención externa. Solo una América Latina unida, que controle sus recursos estratégicos de manera coordinada y que hable con una sola voz en el concierto de las naciones, podrá negociar en condiciones de igualdad con los grandes bloques de poder. La sombra del General nos recuerda que la independencia no se logra jugando a las potencias extranjeras unas contra otras, sino construyendo una fortaleza interna inquebrantable; mientras la región no comprenda esta lección y no sacrifique los intereses mezquinos de sus élites en aras de la patria grande, permanecerá condenada a la irrelevancia histórica y a la explotación perpetua.

28

CAPITULO 25. EL FANTASMA DE LA DESIGUALDAD: POR QUE EL CRECIMIENTO ACTUAL NO GENERA COHESION SOCIAL

La paradoja fundamental del modelo económico contemporáneo en America Latina y México reside en la coexistencia de un crecimiento macroeconómico sostenido con una desigualdad social crónica y profundizada. Mientras los indicadores financieros celebran la estabilidad de las bolsas de valores y la atracción de capitales extranjeros, la realidad material de las mayorías refleja un estancamiento salarial, precariedad laboral y una imposibilidad casi absoluta de acceder a los servicios básicos de calidad. Este fenómeno no es un accidente del mercado, sino el resultado directo de una arquitectura económica diseñada para extraer riqueza de las clases trabajadoras y concentrarla en los estratos más altos de la pirámide social. El proyecto cardenista, por el contrario, partía de la premisa inquebrantable de que el crecimiento económico sin distribución de la riqueza es una farsa que solo perpetua la dominación de las elites. Lázaro Cárdenas comprendido que la verdadera grandeza de una nación no se mide por el volumen de su producto interno bruto, sino por la capacidad de su Estado para garantizar que los frutos del desarrollo lleguen a quienes los producen con su trabajo diario.

Los mecanismos estructurales que alimentan este fantasma de la desigualdad en el siglo veintiuno son profundamente distintos a los del pasado, pero sus efectos son igual de devastadores. La financiarizacion de la economía ha permitido que el capital genere rendimientos exponenciales sin necesidad de invertir en la economía real, desvinculando por completo la riqueza de la producción material y el empleo digno.

Paralelamente, la destrucción sistemática de los derechos laborales y la proliferación de la informalidad han debilitado el poder de negociación de los trabajadores, condenando a millones de familias a sobrevivir con ingresos insuficientes. Esta dinámica se ve agravada por un sistema fiscal regresivo que perdona las deudas de los grandes corporativos y traslada la carga tributaria a las clases medias y bajas. La ilusión de la meritocracia, promovida por los discursos hegemónicos, oculta que las reglas del juego están manipuladas desde el origen para garantizar que los privilegios se hereden y la pobreza se reproduzca generación tras generación, anulando cualquier posibilidad real de movilidad social ascendente.

Las consecuencias sociales y políticas de esta desigualdad estructural son catastróficas y representan la mayor amenaza para la supervivencia misma del Estado nación. Cuando una sociedad fractura su tejido comunitario y permite que una minoría acapare la riqueza mientras la mayoría lucha por su subsistencia, el contrato social se rompe irremediablemente. La pérdida de confianza en las instituciones, el auge de la violencia, la polarización política y el surgimiento de movimientos antisistema no son anomalías, sino síntomas lógicos de un sistema que ha abandonado a su pueblo. El cardenismo logro construir una cohesión social extraordinaria precisamente porque ataco las raíces de la desigualdad mediante la reforma agraria, el fortalecimiento sindical y la educación publica masiva. Al dotar a los desposeídos de tierra, derechos y conocimiento, el Estado no solo mejoro sus condiciones materiales, sino que los integro como ciudadanos plenos con un sentido de pertenencia y lealtad hacia la nación. Hoy, esa lealtad se ha evaporado porque el Estado ha dejado de ser el escudo de los desprotegidos para convertirse en el administrador de los privilegios de unos cuantos.

El fracaso de las políticas publicas contemporáneas para revertir esta tendencia radica en su enfoque asistencialista y superficial, que confunde el alivio temporal de la pobreza con su erradicación estructural. Los programas de transferencias monetarias condicionadas, si bien han logrado mitigar la miseria extrema en ciertos contextos, no alteran la distribución del ingreso ni modifican las relaciones de poder que generan la exclusión. Por el contrario, suelen utilizarse como herramientas de control político y clientelismo, manteniendo a los beneficiarios en un estado de dependencia que anula su autonomía y capacidad de organización. El verdadero desafío no es administrar la pobreza con eficiencia burocrática, sino democratizar la propiedad, el capital y el acceso a los recursos estratégicos. Se requiere una reforma fiscal progresiva que grave realmente las grandes fortunas y las rentas especulativas, junto con una política industrial que genere empleos de calidad y un sistema de seguridad social universal que des mercantilice la salud, la educación y la vivienda. Solo atacando los núcleos duros de la concentración de la riqueza se puede aspirar a una sociedad verdaderamente justa.

Recuperar la brújula cardenista para enfrentar el fantasma de la desigualdad en el futuro exige una redefinición radical del concepto de desarrollo y el rol del Estado en la economía. No basta con volver a los modelos del siglo veinte; es necesario adaptar la visión de Cárdenas a las complejidades de la economía digital, la globalización financiera y la crisis ecológica. Esto implica que el Estado debe asumir nuevamente su función de arbitro supremo, no solo entre el capital y el trabajo, sino entre la lógica depredadora del mercado y los limites biofísicos del planeta. La cohesión social del siglo veintiuno solo será posible si se garantiza que la transición tecnológica y energética beneficie a las mayorías y no a los monopolios digitales. El legado de Lázaro Cárdenas nos ensena que la igualdad no es una utopía inalcanzable, sino una condición indispensable para la paz y la libertad. Mientras la desigualdad siga siendo la norma, la democracia será una ficción y la soberanía una ilusión. Solo un Estado comprometido con la justicia distributiva podrá disipar este fantasma y forjar una nación donde el bienestar colectivo sea el verdadero motor de la historia.

29

PARTE V: LA BRUJULA DE CARDENAS PARA EL FUTURO CAPITULO 26. SOBERANIA EN LA ERA DIGITAL: LA PROTECCION DE DATOS Y LA INDEPENDENCIA TECNOLOGICA

La concepción de la soberanía nacional en el siglo veintiuno exige una actualización urgente de sus fronteras, transitando de la defensa exclusiva de los recursos físicos del subsuelo a la protección intransigente de los activos inmateriales que sostienen la economía y la cognición moderna. Si en mil novecientos treinta y ocho la expropiación petrolera represento la decisión geopolítica más audaz para evitar que el capital extranjero controlara la sangre energética de la nación, hoy la nueva frontera de la dependencia se encuentra en los flujos de datos, la infraestructura de comunicaciones y la inteligencia artificial. Las grandes corporaciones tecnológicas globales han logrado consolidar un modelo de extractivismo digital que opera con la misma impunidad y arrogancia que las compañías petroleras de principios del siglo pasado. Estas entidades no solo extraen y monetizan la información más íntima de los ciudadanos sin una retribución justa para la sociedad, sino que imponen sus propias reglas jurisdiccionales, eludiendo la fiscalización estatal y condicionando la soberanía política de los países. El Estado moderno, para ser fiel al espíritu cardenista, debe comprender que la neutralidad de la red, la protección de la privacidad y la independencia algorítmica son los nuevos pilares de la independencia nacional, sin los cuales cualquier declaración de autonomía es una mera ficción retorica.

El análisis profundo de la actual dependencia tecnológica revela una asimetría estructural que condena a America Latina a una condición de colonia digital, donde se consumen los productos de la inteligencia artificial y las plataformas de datos, pero no se participa en la generación de su valor ni en la definición de sus éticas. Mientras las potencias hegemónicas y los bloques emergentes disputan la supremacía en el desarrollo de semiconductores, redes de sexta generación y modelos de lenguaje, la región permanece como un mero mercado cautivo y un laboratorio de extracción de datos conductuales. Esta subordinación no es un fenómeno natural del mercado, sino el resultado de décadas de desmantelamiento de la capacidad científica y tecnológica del Estado, impulsado por la falacia neoliberal de que la tecnología debía ser provista exclusivamente por la iniciativa privada global. La ilusión de los servicios digitales gratuitos ha enmascarado el verdadero costo de esta relación: la enajenación de la soberanía cognitiva y la entrega de la memoria colectiva, las preferencias políticas y los patrones económicos de la nación a servidores ubicados en jurisdicciones extranjeras. Recuperar la rectoría económica exige, por tanto, reconocer a los datos y a la infraestructura digital como recursos estratégicos de la nación, sujetos a la misma lógica de protección y beneficio colectivo que los hidrocarburos o los minerales.

La aplicación practica de la filosofía cardenista en el ámbito digital requiere la construcción de una arquitectura de soberanía tecnológica que combine la inversión publica masiva en infraestructura con la promoción de ecosistemas de código abierto y estándares éticos nacionales. Al igual que Lázaro Cárdenas no se limitó a expropiar el petróleo sino que fundo Petróleos Mexicanos para garantizar la operación técnica y el desarrollo endógeno de la industria, el Estado contemporáneo debe liderar la creación de plataformas públicas de datos, nubes soberanas y redes de comunicación resilientes que salvaguarden la información critica de la administración pública y la ciudadanía. Esto implica romper el oligopolio de las grandes tecnologías mediante la implementación de políticas de competencia agresivas, el gravamen progresivo a la extracción de datos y la exigencia ineludible de transferencia tecnológica para cualquier corporación que opere en el territorio nacional. La soberanía digital no significa aislarse del ecosistema global, sino integrarse desde una posición de fuerza, asegurando que el país cuente con las capacidades técnicas para auditar, regular y, en caso de ser necesario, suspender las operaciones de actores extranjeros que amenacen la seguridad nacional o los derechos fundamentales de la población.

La dimensión geopolítica de la soberanía digital es crítica en un contexto de guerra tecnológica entre Estados Unidos y China, donde America Latina corre el riesgo de ser fragmentada en esferas de influencia digital incompatibles. La adopción acrítica de infraestructuras de telecomunicaciones, sistemas de vigilancia o modelos de inteligencia artificial provenientes de cualquiera de estos bloques sin una evaluación estratégica nacional convierte al país en un vulnerable peón de terceros. El cardenismo nos ensena que la política exterior y la seguridad nacional son indivisibles; por tanto, la política digital debe estar subordinada a un proyecto de integración latinoamericana que busque desarrollar estándares regionales, bancos de datos compartidos y una industria de semiconductores y software propia. Solo mediante un pacto tecnológico regional que agrupe los recursos intelectuales y financieros de la región se podrá evitar la balcanización digital y se podrá negociar con las potencias globales desde la paridad. La defensa de la soberanía en la era digital exige una diplomacia científica activa que posicione a la región no como un consumidor pasivo de innovación, sino como un actor capaz de proponer marcos éticos y regulatorios que humanicen la tecnología frente a la lógica depredadora del capital transnacional.

La recuperación de la soberanía digital es, en esencia, la expropiación tecnológica del siglo veintiuno, un acto de justicia cognitiva que devuelve al pueblo el control sobre las herramientas que definen su realidad y su futuro. Este proceso no puede ser liderado por una burocracia tecnócrata ajena a las necesidades sociales, sino que requiere un nuevo pacto digital donde la educación técnica, la ciencia abierta y la participación ciudadana en el gobierno de los algoritmos sean los ejes rectores. El Estado debe asumir su rol de arbitro supremo no solo para regular a los monopolios digitales, sino para garantizar que la inteligencia artificial y la automatización sirvan para reducir las jornadas laborales, eliminar las desigualdades y potenciar las capacidades humanas, en lugar de precarizar el trabajo y concentrar aún más la riqueza. El legado de Lázaro Cárdenas nos interpela con una claridad meridiana: la independencia de una nación se pierde primero en la mente y en los datos de sus ciudadanos antes de perderse en su territorio físico. Defender la soberanía digital es la condición indispensable para que México y America Latina no sean meros espectadores de la cuarta revolución industrial, sino arquitectos conscientes de su propio destino en la era de la información.

30

CAPITULO 27. UN NUEVO PACTO LABORAL: ADAPTANDO LA PROTECCION CARDENISTA AL TRABAJO MODERNO

La transición del modelo industrial fordista a la economía de plataformas y los trabajos temporales digitalizados representa uno de los desafíos más formidables para la justicia social en el siglo veintiuno, exigiendo una relectura urgente y profunda de la filosofía laboral cardenista. Lázaro Cárdenas comprendido que la dignidad del trabajador no depende de la forma técnica en que se organice la producción, sino de la voluntad política inquebrantable del Estado para subordinar el capital al bienestar colectivo. En mil novecientos treinta y ocho, el Estado asumo el rol de arbitro supremo para proteger a la clase obrera de la explotación desmedida, estableciendo derechos inalienables que transformaron la fuerza de trabajo de una mercancía desechable en un sujeto pleno de derechos. Hoy, la llamada gag economía ha intentado evadir esta conquista histórica mediante la ficción jurídica del autoempleo y la emprendería digital, ocultando una relación de subordinación laboral tan intensa y asimétrica como la de los inicios del capitalismo industrial. Adaptar el espíritu cardenista a esta nueva realidad no implica un retorno nostálgico a las fábricas del siglo pasado, sino la aplicación rigurosa de su principio rector: ningún avance tecnológico o modelo de negocio puede legitimarse si se sustenta en la precarización, la desprotección y el despojo de los derechos fundamentales de quienes generan la riqueza material e inmaterial de la nación.

El análisis profundo de la economía de plataformas revela una regresión civilizatoria que nos retrotrae a las condiciones laborales del porfiriato, donde la ausencia de regulación estatal permitía que el capital extractara plusvalía sin asumir ningún costo social ni responsabilidad humana. Las aplicaciones digitales y los algoritmos de gestión han perfeccionado el control panóptico del trabajador, sustituyendo al capataz tradicional por un código informático que dicta ritmos, evalúa desempeños y aplica sanciones sin derecho a réplica ni supervisión humana. Esta desmaterialización de la autoridad patronal no elimina la explotación, sino que la atomiza, aislando a millones de repartidores, conductores y proveedores de servicios en una soledad laboral que impide la solidaridad de clase y la negociación colectiva. La promesa neoliberal de la flexibilidad y el emprendimiento individual se ha convertido en la cortina de humo ideal para transferir los riesgos operativos, los costos de mantenimiento y la inseguridad económica directamente sobre los hombros del trabajador. El Estado contemporáneo, al permitir esta anomalía jurídica, ha traicionado su función constitucional de garantizar el trabajo digno, permitiendo que las corporaciones tecnológicas globales operen como enclaves extractivos de fuerza de trabajo barata, evadiendo su responsabilidad fiscal y social en el territorio nacional.

La construcción de un nuevo pacto laboral para la era digital exige la creación de un marco de protección social que trascienda la dicotomía obsoleta entre empleado asalariado y trabajador independiente, reconociendo la realidad empírica de la subordinación algorítmica. Inspirado en la audacia de la expropiación petrolera, el Estado debe imponer a las plataformas digitales la presunción de laboralidad, obligándolas a cotizar al sistema de seguridad social, garantizar un ingreso mínimo vital y asumir los riesgos de accidentes y enfermedades profesionales. Mas allá de la protección económica, el nuevo pacto cardenista debe incluir derechos cognitivos y digitales, como la transparencia algorítmica, el derecho a la desconexión y la prohibición de la vigilancia biométrica intrusiva. La soberanía laboral en el siglo veintiuno significa que los trabajadores tienen derecho a conocer, auditar y negociar las reglas del código que gobierna su jornada y sus ingresos. El Estado no puede permanecer neutral ante la ingeniería conductual aplicada para maximizar la extracción de esfuerzo humano; debe intervenir con el mismo rigor con el que Cárdenas regulo las relaciones capital-trabajo, asegurando que la inteligencia artificial sirva para optimizar el bienestar y no para perfeccionar los mecanismos de explotación y control.

Para que esta protección no sea letra muerta, es imperativo fomentar nuevas formas de organización y representación colectiva que se adapten a la naturaleza descentralizada y móvil del trabajo moderno. El corporativismo tradicional, cooptado por el Estado y alejado de las bases, es incapaz de responder a los desafíos de una fuerza laboral fragmentada geográficamente y conectada solo a través de pantallas. El nuevo sindicalismo digital debe emerger como un movimiento democrático, horizontal y tecnológicamente alfabetizado, capaz de negociar convenios colectivos sectoriales que establezcan pisos de dignidad para todas las plataformas operantes en el país. El Estado cardenista debe actuar como el garante inquebrantable de esta nueva organización, protegiendo el derecho de asociación digital frente a los bloqueos arbitrarios y las represalias algorítmicas de las corporaciones. La rectoría económica en el ámbito laboral implica que el gobierno no solo legisla, sino que construye las instituciones y los canales de dialogo donde el capital tecnológico se vea obligado a ceder ante la fuerza organizada de los trabajadores. Sin una representación genuina y un Estado dispuesto a usar su poder coercitivo para hacer cumplir la ley, cualquier reforma laboral será saboteada por la astucia jurídica de los monopolios digitales.

El legado de Lázaro Cárdenas nos ensena que la libertad política es una quimera cuando la independencia económica de las mayorías es secuestrada por los monopolios, sean estos petroleros o tecnológicos. Rescatar la protección cardenista en la economía de plataformas no es una concesión asistencialista, sino la condición indispensable para mantener la cohesión social y evitar que la desigualdad alcance niveles insostenibles que amenacen la estabilidad de la nación. Un país que permite que sus ciudadanos sean tratados como microempresas desechables, sin red de seguridad ni derechos colectivos, renuncia a su soberanía y se convierte en un simple mercado de consumo para las potencias extranjeras. El nuevo pacto laboral debe ser la piedra angular de un Estado de bienestar renovado, capaz de integrar las nuevas realidades productivas sin perder de vista su fin último: la justicia social. La sombra del General nos recuerda que el trabajo es la fuente inagotable de la riqueza nacional y que el Estado existe, fundamentalmente, para proteger a quienes lo realizan. Solo mediante un compromiso inquebrantable con la dignidad del trabajador digital, México podrá enfrentar los desafíos del futuro sin traicionar la memoria de quienes lucharon para que el trabajo fuera un motivo de orgullo y no de esclavitud.

31

CAPITULO 28. TRANSICION ENERGETICA SOBERANA: EL LITIO, LAS ENERGIAS LIMPIAS Y EL CONTROL NACIONAL

La transición energética global representa el desafío geopolítico y económico más trascendental del siglo veintiuno, exigiendo una redefinición urgente de los conceptos de soberanía y rectoría estatal que Lázaro Cárdenas grabo con fuego en la historia de México. Mientras el mundo abandona los combustibles fósiles para abrazar las energías limpias y los minerales críticos, el modelo neoliberal intenta imponer una narrativa que reduce esta transformación histórica a una mera oportunidad de negocios para las corporaciones transnacionales. Esta visión mercantilista busca despojar al Estado de su papel estratégico, entregando la infraestructura eléctrica y los recursos del subsuelo a capitales privados que operan bajo la lógica exclusiva de la rentabilidad a corto plazo. El análisis profundo de este fenómeno revela que la llamada revolución verde, si no está subordinada a un proyecto nacional de desarrollo, corre el riesgo de reproducir las mismas asimetrías y dependencias que caracterizaron al extractivismo petrolero. Un Estado que renuncia a planificar su matriz energética y a controlar sus recursos estratégicos no está transaccionando hacia el futuro, sino que esta simplemente cambiando de patrón de dependencia, entregando las llaves de su desarrollo industrial a las mismas potencias extranjeras que durante siglos han saqueado la riqueza de la región.

El litio, catalogado como el petróleo del siglo veintiuno, se ha convertido en el epicentro de una nueva fiebre geopolítica que amenaza con convertir a America Latina en una simple cantera a cielo abierto para las potencias industrializadas del norte. La nacionalización simbólica de este mineral, si no va acompañada de una estrategia industrial robusta y una inversión masiva en investigación y desarrollo tecnológico, se reduce a un gesto retorico que no altera la condición periférica de la nación. El verdadero nacionalismo económico cardenista no se conforma con la declaratoria de propiedad de la nación sobre el subsuelo, sino que exige la capacidad técnica y financiera para extraer, procesar y manufacturar estos recursos dentro del territorio nacional. Permitir que empresas extranjeras extraigan el litio para fabricar baterías en otros continentes, mientras México importa los vehículos eléctricos y los dispositivos tecnológicos a precios exorbitantes, es la máxima expresión de la subordinación colonial. El Estado debe asumir el riesgo histórico de construir una cadena de valor integral del litio, desde la exploración científica hasta la manufactura de celdas de almacenamiento, garantizando que la riqueza de este mineral critico se traduzca en empleos de alta calidad, transferencia tecnológica y soberanía industrial para las generaciones presentes y futuras.

En el ámbito de la generación y distribución de energía eléctrica, la ofensiva neoliberal ha intentado desmantelar el sistema eléctrico nacional bajo el pretexto falaz de que la iniciativa privada es más eficiente y ecológica que el Estado. Esta lógica perversa ha promovido la proliferación de generadores privados de energías limpias, muchas de ellas filiales de corporaciones extranjeras, que exigen al Estado la obligación de comprar su energía y mantener la infraestructura de transmisión, mientras se lucran con las garantías de la nación. La visión cardenista nos ensena que la energía eléctrica no es una mercancía sujeta a las fluctuaciones del mercado, sino un derecho social fundamental y el insumo vital para la soberanía productiva. Fortalecer a la Comisión Federal de Electricidad no es un acto de obsolescencia estatista, sino una necesidad estratégica para garantizar el suministro a precios justos, integrar las fuentes renovables de manera planificada y evitar que la transición energética se convierta en un nuevo mecanismo de extractivismo de rentas. La modernización de la red eléctrica, la inversión en energías solar, eólica e hidroeléctrica bajo control público, y la democratización del acceso a la energía son los pilares de un verdadero proyecto de transición soberana que priorice el bienestar colectivo sobre los dividendos de los accionistas privados.

La geopolítica de la transición energética ha reconfigurado el tablero mundial, donde el control de los minerales críticos y las tecnologías limpias define la jerarquía de las potencias en el nuevo orden multipolar. Estados Unidos, China y la Unión Europea despliegan estrategias agresivas para asegurar sus cadenas de suministro, utilizando su poder financiero y militar para imponer acuerdos que perpetúan la subordinación de los países productores de materias primas. En este contexto de guerra tecnológica y comercial, la debilidad institucional de México y su falta de una política exterior soberana lo exponen a ser un simple objeto de disputa, incapaz de negociar desde una posición de fuerza. El legado del general Cárdenas nos interpela a comprender que la independencia energética es inseparable de la independencia tecnológica; no basta con tener los recursos en el subsuelo si no se posee la capacidad cognitiva e industrial para transformarlos. Es imperativo que el Estado mexicano impulse un pacto científico y tecnológico nacional, aliado con las universidades y los centros de investigación, para desarrollar patentes propias en almacenamiento energético, redes inteligentes y movilidad eléctrica, rompiendo así el cerco de la dependencia tecnológica que nos condena a la periferia del capitalismo global.

Recuperar la brújula cardenista para la transición energética implica trascender la falsa dicotomía entre el mercado y el Estado, reconociendo que solo un Estado fuerte, planificador y comprometido con su pueblo puede liderar un proceso de esta magnitud sin sacrificar la justicia social. La transición hacia las energías limpias no debe ser una carga impuesta a las clases trabajadoras mediante el encarecimiento de los servicios, sino una oportunidad histórica para reindustrializar el país, descentralizar el desarrollo regional y financiar un nuevo pacto de bienestar. Al igual que la expropiación petrolera de mil novecientos treinta y ocho envió un mensaje inequívoco de dignidad al mundo, la consolidación de una transición energética soberana en el siglo veintiuno demostrara que México es capaz de adaptarse a los desafíos globales sin renunciar a su esencia nacional. La sombra del General nos recuerda que los recursos de la nación son el patrimonio inalienable del pueblo, y que su explotación debe estar orientada exclusivamente a la emancipación económica y la prosperidad colectiva. Solo mediante el control nacional del litio y las energías limpias, México podrá asegurar que el futuro no sea escrito por los intereses de las corporaciones transnacionales, sino por la voluntad soberana de una nación que se niega a ser subyugada.

CAPITULO 29. RECUPERAR EL TERRITORIO: EL ESTADO DE BIENESTAR COMO UNICA RESPUESTA A LA VIOLENCIA

La concepción del territorio nacional en el México contemporáneo ha sido reducida a una mera extensión geográfica sujeta a la lógica depredadora del mercado y a la disputa violenta de los poderes facticos, perdiendo su dimensión ontológica como el espacio material donde se cristaliza el pacto social. La crisis de seguridad que desgarra a la nación no es un simple fallo operativo de las fuerzas del orden ni una anomalía transitoria, sino la manifestación más letal y evidente del abandono estatal de sus funciones rectoras. Durante el proyecto cardenista, la ocupación del territorio no se limitó a la presencia coercitiva del ejército, sino que se fundamentó en el despliegue masivo de instituciones de justicia, salud, educación y fomento productivo que integraron a las regiones marginadas al proyecto de nación. Lázaro Cárdenas comprendido con claridad meridiana que la paz social no se decreta ni se impone exclusivamente por la fuerza de las armas, sino que se construye mediante la presencia ininterrumpida del Estado de Bienestar, el cual actúa como el escudo inquebrantable de los desprotegidos y el antídoto más eficaz contra la descomposición del tejido comunitario.

El vacío institucional provocado por décadas de políticas neoliberales ha permitido que el crimen organizado y los monopolios privados operen como poderes paralelos, dictando las reglas de convivencia y sometiendo a la población a regímenes de terror y explotación. La estrategia contemporánea de combatir la violencia mediante la militarización de la seguridad pública, sin abordar las causas estructurales de la marginación, ha demostrado ser un fracaso catastrófico que solo ha exacerbado la espiral de sangre y desplazamiento forzado. La ilusión de que la coerción estatal puede sustituir la ausencia de justicia social es una falacia que ignora la naturaleza misma del conflicto. Las organizaciones criminales no prosperan en el vacío, sino que se alimentan de la desesperanza, la falta de oportunidades y la orfandad institucional en la que viven millones de jóvenes y comunidades enteras. Mientras el Estado se limita a gestionar la miseria y a reprimir sus síntomas más visibles, renuncia a su obligación primordial de garantizar las condiciones materiales y espirituales para que la dignidad humana florezca en cada rincón de la geografía nacional.

La recuperación efectiva del territorio exige un giro copernicano en la estrategia de seguridad, reconociendo que el Estado de Bienestar no es un complemento de la política publica, sino la única respuesta estructural y definitiva a la violencia endémica. La verdadera seguridad humana se define por la certeza de tener acceso a la salud, a la educación de calidad, a un empleo digno y a un entorno ecológicamente sano. Cuando el Estado asume su rol de planificador y garante de estos derechos, desactiva automáticamente los mecanismos de reclutamiento y cooptación que utilizan las redes criminales. El modelo cardenista demostró que la integración del campesinado y la clase obrera a través de la dotación de tierras, el crédito y la organización sindical, neutralizo los focos de insurrección y construyo una base de legitimidad popular que sostuvo al Estado durante décadas. Trasladar esta lógica al siglo veintiuno implica que cada escuela construida, cada hospital equipado y cada proyecto productivo impulsado en las zonas olvidadas es un acto de soberanía y una trinchera de paz mucho más efectiva que cualquier despliegue táctico de fuerzas armadas.

La reconstrucción del tejido institucional en las zonas de alta marginalidad requiere una política de justicia territorial que rompa con la histórica desigualdad entre el centro y la periferia, entre lo urbano y lo rural. Esto demanda una inversión publica masiva, planificada y sostenida en infraestructura básica, conectividad digital y desarrollo de capacidades productivas locales, alejándose de los programas asistencialistas que mantienen a las comunidades en la dependencia. El Estado debe regresar a los territorios olvidados no como un ente extractivista que solo llega para explotar sus recursos naturales, sino como un promotor integral del bienestar que respeta y potencia las vocaciones regionales y los saberes comunitarios. La presencia del Estado en estas regiones debe ser tangible, cotidiana y resolutiva, restableciendo la confianza de la ciudadanía en las instituciones democráticas y demostrando que la ley no es un instrumento de castigo, sino la garantía de sus derechos fundamentales. Solo cuando el ciudadano perciba que el Estado es su aliado y protector, la cooperación social para desarticular las redes de impunidad se volverá una realidad ineludible.

El legado de Lázaro Cárdenas nos interpela con una verdad incontestable: la paz no es la mera ausencia de conflicto armado, sino la presencia activa de la justicia y la equidad. Recuperar el territorio nacional en la compleja coyuntura del siglo veintiuno exige abandonar la miopía de las soluciones puramente represivas y abrazar la audacia de un nuevo proyecto nacional que coloque el bienestar colectivo en el centro de la estrategia geopolítica y de seguridad. La sombra del General nos recuerda que la grandeza de una nación se mide por la capacidad de su Estado para llegar a los últimos confines de su geografía con la mano extendida de la solidaridad y la fuerza de la ley justa. Mientras no se reconstruya el Estado de Bienestar como el pilar fundamental de la convivencia, México seguirá siendo un país fracturado, incapaz de ejercer su soberanía plena. La historia nos exige el coraje de refundar las instituciones desde las raíces, demostrando que la única victoria duradera contra la barbarie es la construcción incesante de una sociedad donde la dignidad de cada individuo sea el cimiento indestructible de la patria.

32

CAPITULO 30. CONCLUSION: EL LEGADO DE LAZARO CARDENAS COMO MANUAL DE SUPERVIVENCIA INSTITUCIONAL

El legado de Lázaro Cárdenas del Rio trasciende la crónica histórica para erigirse como un manual ineludible de supervivencia institucional frente a las amenazas existenciales que acechan a la nación mexicana en el siglo veintiuno. Abordar su figura no es un ejercicio de nostalgia romántica ni una evasión ante las complejidades de la era digital y la globalización financiera, sino la recuperación de una metodología política probada que demuestra que el Estado, cuando es concebido como el árbitro supremo y el escudo de los desprotegidos, es la única barrera efectiva contra la depredación del capital transnacional y la oligarquía local. La crisis contemporánea, caracterizada por la fractura del tejido social, la subordinación geopolítica y la mercantilización de la vida, encuentra su antítesis en la arquitectura cardenista, la cual nos ensena que la soberanía no es un estado estático conquistado en el pasado, sino una práctica diaria que exige la rectoría económica, la justicia distributiva y la independencia cognitiva. Este manual de supervivencia nos obliga a reconocer que la democracia formal es un cascaron vacío si no está sostenida por la independencia material de las mayorías, y que cualquier proyecto de transformación que no se atreva a desmantelar los núcleos de poder que oprimen al pueblo está condenado a la irrelevancia o a la traición.

La aplicación de este legado en el presente exige una redefinición radical de los conceptos de soberanía y territorio, expandiendo sus fronteras hacia los activos inmateriales y las nuevas matrices productivas. Así como el dieciocho de marzo defendió la sangre energética de la nación frente al imperialismo petrolero, la soberanía del siglo veintiuno demanda la protección intransigente de los datos, la independencia tecnológica y el control nacional de los minerales críticos que impulsan la transición energética. El manual cardenista nos advierte que la entrega de estos recursos estratégicos bajo la ilusión de la eficiencia privada no es más que una nueva forma de colonización, donde el Estado se reduce a un simple administrador de la miseria y garante de la rentabilidad extranjera. Recuperar la brújula del General implica tener el coraje político para imponer el interés colectivo sobre los dogmas del mercado, nacionalizando no solo los recursos físicos, sino también las capacidades cognitivas y tecnológicas que permiten a una nación dictar su propio destino. Esta audacia refundacional es la única respuesta viable frente a un sistema mundo que busca convertir a America Latina en una periferia extractiva, despojada de su capacidad para innovar, producir y distribuir la riqueza de manera equitativa.

En el ámbito de la organización social y la arquitectura del poder, el texto nos interpela a superar las falsas dicotomías entre el autoritarismo corporativo y la anomia neoliberal, proponiendo un nuevo pacto social basado en la democracia sustantiva y la participación real de lás clases trabajadoras. La degeneración del sindicalismo y el abandono del campo no fueron accidentes históricos, sino el resultado de la captura del Estado por parte de las elites que traicionaron el mandato revolucionario. El manual de supervivencia institucional de Cárdenas nos ensena que la paz social no se logra mediante la represión militar ni la sumisión burocrática, sino a través de la construcción de instituciones sólidas que garanticen el trabajo digno, la seguridad alimentaria y el acceso universal a la salud y la educación. Fortalecer el Estado de Bienestar es la única estrategia coherente para recuperar el territorio nacional arrebatado por el crimen organizado y los monopolios privados, demostrando que la presencia ininterrumpida de la justicia social es el antídoto más poderoso contra la barbarie. La verdadera institucionalidad no se mide por la obediencia ciega a un líder mesiánico ni por la frialdad de los indicadores macroeconómicos, sino por la capacidad del Estado para proteger la vida y la dignidad de sus ciudadanos en cada rincón de la geografía nacional.

La proyección geopolítica de este legado es fundamental para comprender el papel que México y America Latina deben asumir en el nuevo orden multipolar emergente. La debilidad estructural de la región, fruto de décadas de sumisión a los dictados de Washington y de la ilusión del falso progresismo, nos ha colocado en una posición de extrema vulnerabilidad frente a los grandes bloques de poder global. El cardenismo nos recuerda que la independencia política es inseparable de la solidaridad regional y que la verdadera diplomacia no se ejerce mediante la complacencia, sino a través de la defensa intransigente del derecho internacional y la autodeterminación de los pueblos. Construir una soberanía regional que integre las cadenas de valor, los recursos estratégicos y las capacidades científicas de America Latina es el único camino para dejar de ser el patio trasero de los imperios y convertirnos en un actor geopolítico con agenda propia. Este manual de supervivencia nos exige trascender el nacionalismo estrecho y abrazar un internacionalismo de principios que permita a la región negociar desde la fuerza de la unidad y la dignidad, rechazando cualquier forma de tutela externa que pretenda condicionar nuestro desarrollo.

Finalmente, la sombra del General no es un peso muerto que nos ancla al pasado, sino el refugio intelectual y moral desde el cual es posible imaginar y forjar un futuro soberano. El legado de Lázaro Cárdenas nos demuestra que la historia no es un cementerio de buenas intenciones, sino un arsenal de herramientas para la emancipación, y que la grandeza de una nación se mide por su capacidad para resistir la adversidad sin claudicar ante los poderes facticos. Este libro ha buscado desnudar las deformidades del México contemporáneo y contrastarlas con la altura de miras del proyecto cardenista, no para regodearse en la crítica, sino para extraer las lecciones necesarias que nos permitan refundar el Estado. La responsabilidad de las generaciones presentes es ejecutar este manual de supervivencia institucional, adaptando sus principios a las complejidades de la era digital y la crisis ecológica, pero manteniendo intacto el espíritu de dignidad y justicia que definió a una de las épocas más gloriosas de nuestra historia. Que la memoria de quienes lucharon por un Estado escudo de los desprotegidos sea la fuerza motriz que nos impulse a construir un México verdaderamente libre, justo y soberano, demostrando que la luz de la revolución sigue intacta esperando ser encendida nuevamente.

33

BIOGRAFIA

Brayan Atahualpa Campos Castillo, reconocido en el ámbito intelectual y literario bajo la marca de autor Atahualpa Campos, es un escritor, investigador, administrador y doctor ante en Ciencias de la Educación cuya trayectoria se distingue por un rigor analítico inquebrantable y un compromiso profundo con la comprensión de las estructuras que rigen la sociedad contemporánea. Su formación académica y su experiencia práctica le han permitido desarrollar una visión multidisciplinaria que entrelaza la historia, la ciencia política, la economía y la pedagogía, abordando los fenómenos sociales no como eventos aislados, sino como el resultado de procesos históricos complejos y de correlaciones de fuerza concretas. A lo largo de su carrera, ha demostrado una capacidad excepcional para decodificar las narrativas hegemónicas y proponer lecturas críticas que recuperan la memoria histórica como una herramienta fundamental para la emancipación social. Su trabajo no se limita a la observación pasiva de la realidad, sino que se inserta activamente en el debate público, ofreciendo perspectivas que desafían el pensamiento único y reivindican la necesidad de un Estado fuerte, justo y soberano. Esta biografía intelectual refleja el perfil de un pensador que asume la escritura como un acto de responsabilidad cívica y un instrumento para la transformación estructural de su entorno.

En el ámbito de la investigación académica, su enfoque se ha centrado en el análisis de las políticas públicas, la filosofía educativa y las dinámicas de poder que han configurado el desarrollo de America Latina, con un énfasis particular en la experiencia mexicana. Su labor como doctor ante en Ciencias de la Educación se fundamenta en la convicción de que el sistema educativo no puede ser entendido fuera de su contexto político y económico, y que la verdadera transformación social exige una pedagogía que forme ciudadanos críticos, conscientes de su historia y comprometidos con la defensa de su soberanía. Sus investigaciones exploran las tensiones entre los modelos educativos impuestos por los organismos internacionales y las necesidades reales de las comunidades locales, destacando la urgencia de recuperar la rectoría del Estado en materia de formación de capital humano. A través de sus artículos, ensayos y participaciones en foros académicos, ha construido un cuerpo de obra que cuestiona la mercantilización de la educación y propone alternativas basadas en la equidad, la inclusión y la justicia social. Su rigor metodológico y su honestidad intelectual lo han posicionado como una voz relevante en los círculos académicos, capaz de tender puentes entre la teoría crítica y la práctica educativa transformadora.

Como escritor y analista político, Atahualpa Campos ha cultivado un estilo literario que combina la formalidad académica con una prosa directa, empática y desprovista de superficialidades. Su obra se caracteriza por una estructura lógica impecable, donde cada argumento esta sostenido por una investigación exhaustiva y un razonamiento deductivo sólido. En textos como la presente obra, demuestra su habilidad para articular narrativas históricas complejas, contrastando el proyecto de construcción nacional del general Lázaro Cárdenas con las desastrosas consecuencias del modelo neoliberal. Su pluma no busca complacer a las elites intelectuales ni adherirse a las modas académicas transitorias, sino que se propone desnudar las verdades incomodas del poder y ofrecer un espejo critico donde la sociedad pueda reconocerse y reflexionar sobre su destino colectivo. Esta claridad expositiva, unida a su profundidad analítica, le permite llegar a diversos públicos sin sacrificar el rigor técnico, logrando que conceptos complejos de economía política y geopolítica sean accesibles y movilizadores. Su literatura es, en esencia, un ejercicio de desalienación que invita al lector a recuperar su agencia política frente a la resignación impuesta por el sistema.

Su experiencia como administrador aporta una dimensión pragmática y estratégica a su perfil intelectual, diferenciándolo de aquellos teóricos que operan exclusivamente desde la abstracción académica. Esta faceta le ha proporcionado un conocimiento íntimo de los engranajes burocráticos, los procesos de toma de decisiones y las limitaciones operativas que enfrentan las instituciones públicas en la implementación de políticas de bienestar. Comprende que las grandes transformaciones sociales no solo requieren de visiones utópicas o discursos inspiradores, sino de una arquitectura institucional viable, eficiente y blindada contra la corrupción y los intereses facciosos. Esta dualidad entre el pensador crítico y el gestor practico le permite evaluar los proyectos políticos con un realismo que pocos poseen, identificando con precisión los puntos de fricción donde las buenas intenciones suelen naufragar ante la realidad administrativa. Su capacidad para diseñar estrategias, gestionar recursos y liderar equipos se refleja en la solidez de sus propuestas, las cuales no solo diagnostican los problemas estructurales, sino que ofrecen hojas de ruta concretas y aplicables para la reconstrucción del tejido institucional.

El legado intelectual de Atahualpa Campos se consolida como un faro de resistencia en una época marcada por la desmemoria, la fragmentación social y la subordinación geopolítica. Su dedicación incesante al estudio de las ciencias de la educación y la política publica lo inserta en la mejor tradición del pensamiento crítico latinoamericano, aquella que entiende que la independencia no se logra únicamente en el campo de batalla, sino en las aulas, en las instituciones y en la conciencia colectiva. A través de su obra, rinde homenaje a la memoria de quienes sacrificaron su bienestar por la construcción de una nación más justa, y asume el compromiso de legar a las nuevas generaciones las herramientas intelectuales necesarias para no repetir los errores del pasado. Su perfil como escritor, investigador y administrador converge en un único propósito: demostrar que otro modelo de sociedad es posible si se tiene el coraje de recuperar la soberanía y la ética como ejes innegociables de la acción pública. La trayectoria de Brayan Atahualpa Campos Castillo es, en definitiva, el testimonio de que la inteligencia al servicio de la patria sigue siendo la fuerza más poderosa para forjar el futuro.

34

BIBLIOGRAFIA

La construcción analítica de esta obra se sustenta en un corpus bibliográfico robusto y multidisciplinario que abarca desde archivos históricos fundamentales hasta tratados contemporáneos de ciencia política y sociología critica. Los textos constitutivos de la Revolución Mexicana y el sexenio cardenista conforman la fuente primaria de esta investigación, incluyendo los debates del Congreso Constituyente de mil novecientos diecisiete, las leyes agrarias originales y los decretos de nacionalización de la industria petrolera. Estos documentos no son abordados como meras reliquias de museo, sino como instrumentos jurídicos y políticos vivos que permiten desentrañar la intencionalidad original del Estado mexicano y comprender las desviaciones estructurales que sufrió en décadas posteriores. El análisis de estas fuentes primarias proporciona la base empírica necesaria para validar la tesis central del libro, demostrando que el proyecto cardenista no fue una serie de medidas improvisadas, sino una arquitectura estatal coherente diseñada para subordinar el capital al bienestar colectivo y garantizar la soberanía nacional frente a las presiones del imperialismo económico.

Para el rigor histórico y la contextualización política, la bibliografía incorpora las obras cumbres de la historiografía mexicana que han documentado la trayectoria militar, política y social de Lázaro Cárdenas del Rio. Los textos que detallan la ruptura con el Maximato, la implementación del Plan de Sexenio, la expropiación petrolera y el complejo contexto geopolítico de la década de mil novecientos treinta son esenciales para situar las decisiones del general michoacano en su justa dimensión. Estas fuentes secundarias permiten contrastar la narrativa oficial con la realidad empírica de las luchas campesinas y obreras, evidenciando como el cardenismo logro sintetizar las demandas de las masas en un proyecto institucional viable. Asimismo, se consultan archivos hemerográficos y colecciones de discursos que revelan la psicología política de la época y la resistencia feroz de las oligarquías locales y el capital extranjero. Este entramado historiográfico garantiza que el análisis no caiga en la idealización romántica, sino que mantenga un rigor técnico absoluto al evaluar los éxitos, las contradicciones y el impacto material de las políticas públicas de aquellos años.

El contraste con la realidad contemporánea exige la integración de literatura crítica especializada en el desmantelamiento del Estado de bienestar y la imposición del modelo neoliberal en México y America Latina. Se incluyen estudios exhaustivos sobre los programas de ajuste estructural de la década de los ochenta, las reformas constitucionales que privatizaron los recursos estratégicos, y la modificación del articulo veintisiete que dio muerte a la reforma agraria. Estos textos proporcionan el marco teórico para diagnosticar como la renuncia a la rectoría económica se tradujo directamente en los índices actuales de desigualdad, precarización laboral y violencia endémica. La bibliografía sobre la economía política del neoliberalismo permite desmontar la falacia de la neutralidad técnica y demostrar que las políticas de austeridad y apertura indiscriminada fueron instrumentos de clase para transferir riqueza de las mayorías a los monopolios. Esta literatura es fundamental para sostener la argumentación de que la crisis actual no es un fallo de gestión, sino la consecuencia lógica y predecible de la claudicación soberana.

Para abordar los desafíos del siglo veintiuno, el marco bibliográfico se actualiza con investigaciones recientes sobre geopolítica multipolar, soberanía digital y los fenómenos del neoextractivismo y la economía de plataformas. Se incorporan análisis sobre el impacto de los monopolios tecnológicos en la privacidad y la economía, así como estudios sobre la nueva colonización de los recursos críticos como el litio y las tierras raras. Estos textos permiten adaptar la brújula cardenista a la era de la información, demostrando que los principios de soberanía y justicia social deben expandirse hacia la protección de los datos y la independencia algorítmica. Asimismo, se incluye literatura crítica sobre el falso progresismo latinoamericano, la cual es indispensable para evaluar los errores estratégicos de los gobiernos recientes que, pese a su retórica transformadora, mantuvieron intacta la matriz económica extractivista. Esta actualización bibliográfica asegura que la obra no sea un ejercicio de arqueología política, sino un manual de supervivencia institucional con plena vigencia para los debates contemporáneos.

Finalmente, el andamiaje teórico se enriquece con tratados filosóficos sobre la ética del Estado, la justicia distributiva y la filosofía de la educación emancipadora. Las reflexiones de pensadores clásicos y contemporáneos sobre el papel de la educación como herramienta de liberación y los fundamentos morales de la administración publica proporcionan el sustrato normativo del libro. Estos textos sostienen el argumento de que la reconstrucción institucional no puede limitarse a ajustes macroeconómicos o reformas administrativas superficiales, sino que debe estar arraigada en un compromiso ético inquebrantable con la dignidad humana. La integración de esta filosofía política con el análisis histórico y sociológico garantiza la profundidad analítica de la obra, elevándola por encima de la coyuntura partidarista. Este corpus bibliográfico integral es el testimonio del rigor académico y la honestidad intelectual que exige el tratamiento de un tema de tal envergadura, asegurando que cada conclusión este firmemente anclada en la evidencia y en la teoría critica más sólida.

35

COLOFON

La culminación de este manuscrito no representa el fin de una investigación, sino la materialización de un deber ineludible con la memoria histórica y con las generaciones que heredaran los escombros de este modelo agotado. A lo largo de estas páginas, se ha diseccionado la arquitectura del Estado cardenista, no para construir un mausoleo de nostalgias, sino para extraer los cimientos sobre los cuales es posible erigir una nueva soberanía en el siglo veintiuno. El análisis profundo de la expropiación petrolera, la reforma agraria y la rectoría económica revela que la independencia de una nación no es un regalo de la historia, sino una conquista diaria que exige la voluntad inquebrantable de subordinar el capital al bienestar colectivo. Como investigador y escritor, asumo la responsabilidad de que estas letras no sean un mero ejercicio académico, sino un instrumento de combate contra la desmemoria y el pensamiento único que intenta convencernos de que no existe alternativa a la sumisión.

Desde la trinchera de las Ciencias de la Educación, este libro se concibe como una herramienta pedagógica fundamental para la emancipación cognitiva de nuestro pueblo. La verdadera transformación social no puede ocurrir si las mentes de los ciudadanos permanecen colonizadas por la narrativa del mercado y la resignación ante la desigualdad. Formar generaciones que comprendan la magnitud de lo que fuimos, de lo que perdimos y de lo que podemos volver a ser, es el único antídoto contra la barbarie del neoliberalismo. La educación debe recuperar su carácter de bien público y de motor de la movilidad social, alejándose de la lógica mercantilista que la reduce a la capacitación de mano de obra barata para las cadenas globales de valor. Solo a través de una pedagogía critica, arraigada en la realidad nacional y comprometida con la justicia, podremos forjar los ciudadanos conscientes que exigirá la refundación del Estado.

La dimensión administrativa y estructural del proyecto nacional también ha sido un eje transversal de esta obra, pues las grandes ideas mueren en la burocracia si no están respaldadas por instituciones sólidas y eficientes. La crítica a la tecnocracia y al falso progresismo latinoamericano nos ensena que la buena intención política es insuficiente si no se traduce en una arquitectura estatal capaz de blindar las conquistas sociales frente a los embates del capital transnacional. El Estado no puede ser un ente mínimo que se limita a certificar la pobreza, sino que debe recuperar su capacidad de planificación, de inversión estratégica y de intervención oportuna en los mercados. La administración pública debe estar al servicio de la patria, libre de los conflictos de interés que han permitido que las elites capturen las instituciones para saquear el patrimonio de la nación.

El destino de México es inescindible del destino de America Latina, y este manuscrito busca tender puentes analíticos con los pueblos hermanos que comparten nuestra historia de despojo y nuestra vocación de resistencia. La debilidad geopolítica de la región frente a los nuevos bloques de poder global solo puede ser contrarrestada mediante la integración soberana y la defensa conjunta de nuestros recursos estratégicos, desde el litio hasta los datos digitales. No podemos seguir permitiendo que nuestra riqueza natural y cultural sea tratada como la bodega de las potencias extranjeras. La sombra del General nos convoca a trascender las fronteras imaginarias que nos dividen y a reconocer que la verdadera independencia continental solo será posible cuando construyamos un bloque de poder regional que negocie con el mundo desde la dignidad y la paridad.

Entrego este texto en limpio, despojado de las vanidades del autor y centrado exclusivamente en la urgencia de sus argumentos, para que sea apropiado por los movimientos sociales, los intelectuales críticos y los ciudadanos que aún se niegan a claudicar. Que la memoria de Alejandra de la Caridad y el legado de Lázaro Cárdenas del Rio sean la brújula que oriente cada decisión, cada lucha y cada victoria en el largo camino hacia la justicia. El manuscrito termina aquí, pero la historia la seguimos escribiendo con los hechos, con la organización y con la inquebrantable convicción de que otro México, soberano y digno, es absolutamente posible.

36

A LA SOMBRA DEL GENERAL

El proyecto cardenista frente al espejo de la política en el México actual

Autor: Atahualpa Campos

PÁGINA DE DERECHOS DE AUTOR

A LA SOMBRA DEL GENERAL

El proyecto cardenista frente al espejo de la política en el México actual

Marca de autor: Atahualpa Campos

Primera edición.

Impreso en México.

Este libro se terminó de imprimir en el año 2026.

El contenido de esta obra es responsabilidad exclusiva del autor.

Brayan1973@gmail.com

38

ÍNDICE DE CONTENIDOS

DEDICATORIA

A la memoria de Alejandra de la Caridad, cuya luz sigue guiando las estructuras de mi pensamiento y cuya ausencia se transforma en la fuerza motriz de cada línea escrita en estas páginas. Su legado intelectual y humano permanece como un faro inextinguible en los momentos de mayor oscuridad, recordándonos que la verdadera sabiduría no reside en la acumulación de datos, sino en la capacidad de comprender el dolor ajeno y transformarlo en acción colectiva. Este libro es un testimonio de que la historia no es un cementerio de buenas intenciones, sino un arsenal de herramientas para forjar el futuro, y su recuerdo me obliga a mantener el rigor analítico y la honestidad intelectual en cada argumento expuesto.

A quienes aún creen que el Estado debe ser el escudo inquebrantable de los desprotegidos y no el administrador complaciente de los privilegios de unos cuantos. En una época donde el cinismo se ha apoderado de las instituciones y la política se ha reducido a la gestión técnica de la miseria, mantener la fe en el Estado como instrumento de justicia social es un acto de profunda rebeldía. Esta dedicatoria es para aquellos que no han claudicado ante la narrativa del pensamiento único, para los que entienden que la libertad política es una quimera si no está sostenida por la independencia económica y la dignidad material de las mayorías.

Este texto es un homenaje a la memoria histórica de un pueblo que se negó a ser subyugado y que, a través de la sangre y el sacrificio, logro arrancar las concesiones más importantes de la historia moderna. A los campesinos que marcharon por la tierra, a los obreros que lucharon por la justicia laboral y a los intelectuales que defendieron la soberanía cultural. Ellos son los verdaderos arquitectos de la nación, y su lucha sigue viva en cada resistencia contemporánea frente a los embates del capital transnacional y la desmemoria institucional.

A la memoria de los que partieron, porque su ausencia nos obliga a no claudicar ante la injusticia y a mantener viva la llama de la dignidad nacional en tiempos de desesperanza. Que estas páginas sirvan como un recordatorio de que la patria no es un concepto abstracto, sino la suma de las batallas libradas por aquellos que nos precedieron. El amor por México exige la valentía de confrontar sus verdades más incomodas y la humildad para aprender de los errores del pasado, construyendo sobre los cimientos de la verdad y no sobre las arenas movedizas de la conveniencia política.

Finalmente, a las generaciones venideras, a quienes heredarán los escombros de este modelo agotado y tendrán la ineludible tarea de reconstruir el tejido social. Que este libro no sea leído como una elegia por lo perdido, sino como un manual de supervivencia y una hoja de ruta para la refundación del Estado. La luz de Alejandra y la sombra del General convergen en este propósito: demostrar que otro México es posible, siempre y cuando tengamos el coraje de recuperar la soberanía y la justicia como ejes innegociables de nuestra convivencia nacional.

PROLOGO: EL PESO DE LA HISTORIA Y LOS DOS PILARES DE LA NACION

Para comprender la magnitud del proyecto cardenista es imperativo sumergirse en las profundidades de la historia mexicana, analizando los dos pilares fundamentales que han sostenido o derrumbado a la nación a lo largo de los siglos. El primer pilar es la búsqueda incesante de la soberanía, un concepto que trasciende la mera independencia territorial para adentrarse en la autonomía económica, política y cultural de un pueblo que se niega a ser subyugado. El segundo pilar es la construcción de un Estado fuerte y rector, capaz de imponer el interés colectivo sobre las ambiciones particulares y de garantizar la justicia social como único fundamento de la paz. Estos dos ejes no han sido lineales ni exentos de contradicciones; por el contrario, han sido forjados en el fuego de las confrontaciones más sangrientas y de las crisis más profundas. La historia de México es la crónica de una lucha constante entre la vocación de grandeza de sus pueblos originarios y las estructuras de dominación impuestas por el colonialismo y el capitalismo salvaje. Analizar esta dialéctica es esencial para desentrañar por que el cardenismo represento la síntesis más acabada de estas aspiraciones nacionales y por qué su desmantelamiento posterior sumió al país en una crisis de identidad y propósito que aún nos atormenta, obligándonos a replantear las bases mismas de nuestra convivencia.

La reflexión sobre el peso de la historia nos obliga a confrontar la realidad de que las naciones no avanzan por inercia, sino a través de rupturas paradigmáticas que redefinen el contrato social. En el caso de México, la transición de una sociedad agraria y fragmentada a un Estado nación moderno requirió de un derramamiento de sangre y de una movilización popular sin precedentes. Sin embargo, la revolución física debe ser complementada por una revolución de las conciencias, un cambio estructural en la forma en que los ciudadanos se perciben a sí mismos y a su relación con el poder. El cardenismo no solo implemento políticas públicas; modifico la psicología colectiva del mexicano, instaurando la convicción de que el destino nacional estaba en manos de los mexicanos y de que el Estado era el instrumento legitimo para alcanzar la equidad. Este proceso de concientización nacional es el verdadero legado intangible de la época, una herencia que ha sido sistemáticamente atacada por los discursos hegemónicos contemporáneos que buscan reducir al ciudadano a la condición de mero consumidor. Recuperar esta dimensión subjetiva de la historia es tan crucial como analizar los datos económicos, pues nos permite entender la resistencia cultural que aún pervive en las clases populares frente a los embates del neoliberalismo.

El análisis de los pilares de la nación revela que la institucionalidad mexicana ha oscilado históricamente entre la imposición autoritaria y la debilidad estructural, sin lograr consolidar un equilibrio democrático y social. La falta de un proyecto nacional hegemónico ha permitido que los grupos de interés, tanto internos como externos, capturen las instituciones y las utilicen para su propio beneficio. En este contexto, la figura de Lázaro Cárdenas emerge no como un mesías aislado, sino como la expresión política de una necesidad histórica ineludible. Su gobierno demostró que es posible construir instituciones sólidas cuando estas están arraigadas en las demandas reales de las mayorías y cuando existe una voluntad política inquebrantable para defenderlas. La lección que se extrae de este periodo es que la democracia no puede ser reducida a un procedimiento electoral; debe ser un sistema de vida que garantice la participación efectiva de los ciudadanos en la toma de decisiones y en la distribución de la riqueza. Cuando el Estado abandona su función rectora y se limita a ser un árbitro pasivo, la sociedad se fragmenta y la violencia se convierte en el único mecanismo de resolución de conflictos, una realidad que el México actual conoce demasiado bien y que exige una respuesta inmediata.

La perspectiva analítica sobre la historia nacional nos exige descartar las visiones maniqueas y románticas para abrazar un realismo critico que reconozca tanto los éxitos como las limitaciones del proyecto cardenista.

Es un error histórico idealizar el pasado sin someterlo al escrutinio de la evidencia empírica, pero es igualmente grave caer en el cinismo posmoderno que desprecia cualquier intento de transformación social. El cardenismo tuvo sus contradicciones, sus autoritarismos y sus zonas grises, pero su balance histórico es innegablemente positivo en términos de construcción de Estado y justicia social. La arquitectura institucional que levanto permitió a México enfrentar las crisis del siglo XX con un grado de estabilidad que fue la envidia de America Latina. Desmantelar esta arquitectura bajo la premisa de que era obsoleta no solo fue un error estratégico, sino un crimen contra el futuro de las generaciones venideras. Hoy, al observar los escombros de las instituciones y la devastación del tejido social, la reflexión sobre el peso de la historia nos impone la obligación moral de rescatar lo mejor de esa tradición y adaptarla a los desafíos del siglo XXI, sin caer en las trampas de la nostalgia ni en la sumisión ante el pensamiento único.

Finalmente, el prólogo de esta obra establece que el espejo de Cárdenas no es un objeto para contemplar el pasado con melancolía, sino una herramienta para examinar las deformidades del presente. La política mexicana actual, atrapada en la visión de corto plazo y en la gestión administrativa de la miseria, carece de la altura de miras que caracterizo a los estadistas de la revolución. Los dos pilares de la nación, la soberanía y el Estado rector, han sido socavados por décadas de políticas neoliberales que han subordinado el interés nacional a los dictados de los mercados globales. Este libro se propone diseccionar este proceso de desmantelamiento, no para regodearse en la crítica, sino para extraer las lecciones necesarias que nos permitan reconstruir el proyecto nacional. La historia no se repite, pero rima, y las similitudes entre la crisis de los años treinta y la crisis actual son demasiado evidentes para ser ignoradas. Al estudiar la forja del Estado cardenista, estamos buscando las claves para forjar un nuevo Estado que responda a las complejidades de la era digital, la globalización y el cambio climático, manteniendo intacto el espíritu de dignidad y soberanía que definió a una de las épocas más gloriosas de nuestra historia.

39

INTRODUCCION: EL ESPEJO DE CARDENAS

Abordar la figura de Lázaro Cárdenas del Rio en pleno siglo XXI exige un desprendimiento radical de los prejuicios ideológicos dominantes y una disposición genuina para analizar los hechos históricos en su verdadera dimensión. En una época donde el pensamiento único neoliberal ha logrado imponer la narrativa de que no existe alternativa al mercado, recordar el proyecto cardenista es un acto de rebeldía intelectual y política. Cárdenas no fue un simple administrador de turnos; fue el arquitecto de un Estado que asumió la responsabilidad de proteger a los vulnerables, redistribuir la riqueza y defender los recursos estratégicos de la depredación extranjera. Su legado trasciende la anecdótica política para convertirse en un manual de supervivencia institucional para las naciones en desarrollo. Al mirar hacia su sexenio, no buscamos copiar formulas anacrónicas, sino comprender la lógica profunda que le permitió tomar decisiones de alto riesgo con un éxito rotundo. El espejo de Cárdenas nos devuelve la imagen de un México que se atrevió a ser soberano, un contraste doloroso con el México actual, que ha aceptado con resignación la subordinación económica y la pérdida de su capacidad de decisión autónoma frente a las potencias globales.

La metodología de este análisis se fundamenta en la confrontación directa entre la teoría y la práctica, entre los postulados del proyecto cardenista y la realidad empírica del México contemporáneo. No nos limitaremos a la descripción hagiográfica de los logros de los años treinta, sino que someteremos cada política publica al escrutinio de su impacto a largo plazo y de su viabilidad en el contexto actual. La expropiación petrolera, el reparto agrario, la educación socialista y la política de asilo son examinados no como monumentos de bronce, sino como procesos dinámicos que generaron tensiones, resistencias y contradicciones. Este enfoque critico nos permite separar el núcleo esencial del cardenismo, que es la defensa intransigente de la soberanía y la justicia social, de sus formas históricas específicas que pueden haber quedado obsoletas. Al establecer este dialogo entre el pasado y el presente, buscamos demostrar que las soluciones a los problemas actuales de México no pueden encontrarse en la profundización del modelo fallido de las ultimas décadas, sino en una relectura actualizada de los principios que hicieron grande a la nación y que aún resuenan en el imaginario colectivo.

El contraste entre el proyecto de Cárdenas y las fallas del Estado mexicano moderno revela una fractura ontológica en la forma de entender la relación entre gobierno y sociedad. Mientras que el cardenismo concibió al Estado como el motor de la transformación social y el garante de los derechos colectivos, el Estado contemporáneo se ha reducido a un ente gestor, incapaz de proyectar un futuro y obsesionado con la austeridad y el equilibrio fiscal. Esta reducción del horizonte político ha tenido consecuencias devastadoras en la capacidad del país para enfrentar desafíos como la desigualdad, la violencia y la dependencia tecnológica. La privatización de los recursos estratégicos, el abandono del campo y la desregulación laboral no son simples ajustes económicos; son la manifestación de una derrota ideológica que ha despojado al Estado de su capacidad rectora. Al analizar estas políticas a la luz del espejo cardenista, se hace evidente que la supuesta modernización del país fue en realidad un proceso de desmantelamiento sistemático de las instituciones que garantizaban la cohesión social. Este libro expone como la renuncia a la rectoría económica ha convertido a México en un país más pobre, más desigual y más vulnerable a las crisis globales.

La dimensión latinoamericana de este análisis es ineludible, pues el proyecto cardenista no puede comprenderse aislado del contexto regional ni de las luchas globales por la emancipación. El falso progresismo que ha proliferado en America Latina en el siglo XXI, caracterizado por una retórica transformadora pero carente de reformas estructurales, contrasta dramáticamente con la audacia y la profundidad de las medidas cardenistas. Mientras muchos gobiernos de la región se han limitado a administrar el modelo neoliberal con un rostro más humano, Cárdenas se atrevió a cambiar las reglas del juego, confrontando a los poderes facticos y redefiniendo la propiedad de los medios de producción. Este contraste nos permite identificar los errores y las omisiones de los liderazgos contemporáneos, que a menudo caen en la trampa del mesianismo personalista en detrimento de la construcción institucional. La debilidad geopolítica de America Latina frente a los nuevos bloques de poder global exige una reflexión profunda sobre porque la región no ha logrado consolidar proyectos de integración y soberanía comparables al nacionalismo revolucionario mexicano. El espejo de Cárdenas nos obliga a preguntarnos si la región está condenada a la subordinación o si aún existe la capacidad política para forjar un nuevo destino común.

Finalmente, la brújula de Cárdenas para el futuro se presenta no como un retorno romántico al pasado, sino como una propuesta pragmática para enfrentar los desafíos de la era digital y la globalización. La soberanía en el siglo XXI no se limita al control de los recursos naturales; incluye la protección de los datos, la independencia tecnológica, la transición energética y la defensa del trabajo frente a la precarización de la economía de plataformas. Rescatar el espíritu cardenista significa adaptar sus principios fundamentales a estas nuevas realidades, construyendo un Estado de bienestar que sea capaz de garantizar la seguridad, la educación y la salud en un mundo hiperconectado y desigual. La conclusión de esta introducción es clara: el legado de Lázaro Cárdenas no es una reliquia del museo de la historia, sino un manual de instrucciones para la supervivencia institucional de México. Al cerrar este libro, el lector no solo habrá comprendido la magnitud de lo que fuimos y lo que perdimos, sino que habrá adquirido las herramientas intelectuales para imaginar y construir lo que podemos volver a ser. La sombra del General no es un peso muerto, sino el refugio necesario para gestar la luz de un nuevo amanecer nacional.

40

PARTE I: LA FORJA DEL ESTADO Y LA SOBERANIA

CAPITULO 1. LA HERENCIA FRAGMENTADA: DE LA REFORMA JUARISTA A LA REVOLUCION MEXICANA

La herencia histórica de México a finales del siglo XIX y principios del XX se configuro como un territorio de profundas contradicciones, donde la Reforma Juarista había establecido los cimientos jurídicos de una nación laica y republicana, pero sin lograr penetrar en las estructuras económicas y sociales que mantenían a la mayoría de la población en la marginación. La promesa de igualdad ante la ley choco frontalmente con la realidad de un país rural, analfabeto y desposeído, donde la propiedad de la tierra se concentraba en pocas manos y las comunidades originarias veían como sus derechos colectivos eran sistemáticamente ignorados por un Estado que, en su afán por modernizar, privilegio el orden por encima de la justicia. Este periodo de transición no fue una línea recta hacia el progreso, sino un campo de batalla ideológico y material donde las instituciones recién nacidas carecían de la fuerza coercitiva y la legitimidad social necesarias para imponer un proyecto nacional integrador. La fragmentación política y territorial se convirtió en el sello de una época en la que la ausencia de un pacto social solido dejo el camino expedito para que el descontento popular se canalizara eventualmente hacia la violencia revolucionaria, demostrando que las leyes por si solas no transforman realidades materiales si no están acompañadas de una voluntad política inquebrantable.

El análisis de la Reforma Juarista revela que, si bien logro consolidar la soberanía nacional frente a la intervención extranjera y sentar las bases del Estado laico, fracasó estrepitosamente en resolver la cuestión agraria y en incorporar a las masas indígenas y campesinas al proyecto de nación. Las leyes de desamortización de los bienes de manos muertas, diseñadas para crear una clase de pequeños propietarios rurales, terminaron por despojar a las comunidades indígenas de sus tierras comunales, entregándolas a especuladores y caciques locales que engrosaron los latifundios. Este proceso de acumulación originaria, disfrazado de modernización liberal, genero una proletarización rural masiva y profundizo las desigualdades que habían caracterizado al virreinato. La visión juarista, eminentemente urbana y letrada, subestimo la fuerza de las tradiciones comunitarias y la resistencia de los pueblos que veían en la tierra no solo un medio de producción, sino el fundamento de su identidad y supervivencia. La herencia de esta contradicción entre el Estado legal y el país real se arrastraría durante décadas, convirtiéndose en el combustible principal que alimentaria el estallido revolucionario de 1910 y que obligaría a las generaciones posteriores a replantear la naturaleza misma de la propiedad.

La transición del México independiente al México porfirista estuvo marcada por la imposición del orden a costa de la libertad, consolidando un modelo de desarrollo que beneficiaba a una minoría privilegiada mientras condenaba a la mayoría a la miseria. El liberalismo ortodoxo de la época, ciego a las particularidades sociales del país, aplico recetas económicas que fomentaron la dependencia externa y la concentración de la riqueza. La construcción de la infraestructura ferroviaria y la modernización de las ciudades se realizaron mediante la entrega de concesiones generosas a capitales extranjeros, hipotecando el futuro de los recursos naturales nacionales. Este modelo de crecimiento hacia afuera, sustentado en la exportación de materias primas y la importación de manufacturas, destruyo la incipiente industria nacional y arruino a los pequeños productores agrícolas. La paz porfiriana, tan cacareada por sus apologistas, era en realidad la paz de los panteones, mantenida mediante la represión sistemática de cualquier disidencia y la explotación brutal de la fuerza de trabajo en las haciendas, las minas y los valles industriales. La ilusión de la prosperidad en los centros urbanos no podía ocultar la realidad de un país al borde del colapso, donde la falta de movilidad social y la ausencia de canales democráticos para la expresión del descontento hacían inevitable la explosión social.

La Revolución Mexicana, en su primera etapa, no fue un movimiento homogéneo con un programa claro y definido, sino la expresión violenta de las múltiples contradicciones acumuladas durante décadas de porfiriato. El levantamiento maderista, inicialmente impulsado por las clases medias y la burguesía liberal decepcionada, rápidamente desbordo los cauces institucionales y fue adoptado por las masas campesinas y obreras que exigían cambios estructurales inmediatos. La caída de Porfirio Diaz no resolvió los problemas de fondo; por el contrario, abrió la caja de Pandora de las demandas sociales reprimidas, desatando una guerra civil donde cada facción luchaba por su propia visión de México. La lucha entre el constitucionalismo, el villismo y el zapatismo no fue solo una contienda militar, sino un debate sangriento sobre el modelo de nación que se quería construir. Mientras Villa y Zapata exigían la restitución de las tierras y la justicia social inmediata, Carranza y Obregón buscaban restaurar el orden estatal y garantizar la propiedad privada. Esta tensión entre la revolución social y la revolución política definiría las siguientes décadas de la historia mexicana, y solo sería resuelta, temporalmente, mediante la imposición del Estado cardenista, que logro sintetizar las demandas de las masas en un proyecto institucional viable y duradero.

La herencia fragmentada que recibió Lázaro Cárdenas al llegar a la presidencia en 1934 era el resultado de un proceso revolucionario que había logrado destruir el viejo orden, pero que aún no había logrado consolidar uno nuevo. Los gobiernos posrevolucionarios habían intentado institucionalizar el movimiento, pero lo habían hecho traicionando sus principios fundamentales y aliándose con los grupos de poder que la revolución pretendía destruir. El país estaba exhausto, dividido y sumido en una crisis económica global que amenazaba con desestabilizar los frágiles equilibrios alcanzados. Cárdenas comprendido que la única forma de evitar que la revolución degenerara en una dictadura militar o en una anarquía caótica era implementar las reformas estructurales que las masas exigían. La fragmentación de la herencia juarista y porfirista, sumada a la violencia de la revolución, exigía un liderazgo que tuviera la visión para unir al país y la fuerza para imponer su autoridad. El cardenismo no nació de la nada; fue la respuesta necesaria y urgente a una historia de desigualdades no resueltas, de promesas incumplidas y de un pueblo que, después de haber derramado su sangre, exigía que el sacrificio tuviera un sentido. La forja del Estado y la soberanía comenzaba aquí, en la decisión de no claudicar ante las presiones internas y externas y de apostar por un proyecto de nación inclusivo y soberano.

41

CAPITULO 2. EL PORFIRIATO COMO ESPEJISMO: CRECIMIENTO SIN DISTRIBUCION FRENTE AL MODELO ACTUAL

El Porfiriato se erigió en la historia oficial como la era de la modernización y el progreso, una narrativa cuidadosamente construida para ocultar las profundas grietas de un modelo de desarrollo basado en el crecimiento macroeconómico desvinculado de cualquier criterio de distribución de la riqueza. Durante más de tres décadas, México experimentó una expansión significativa de su infraestructura ferroviaria, la modernización de sus puertos y la inserción acelerada en los mercados globales, logros que fueron celebrados por las élites locales y los inversionistas extranjeros como la prueba irrefutable del éxito del régimen. Sin embargo, este espejismo de prosperidad se sustentaba sobre los cimientos de una desigualdad estructural que condenaba a la inmensa mayoría de la población a la miseria, el analfabetismo y la explotación sistemática. La riqueza generada por el trabajo nacional no se reinvertía en el desarrollo del capital humano ni en la creación de un mercado interno robusto, sino que era repatriada por las corporaciones extranjeras o acumulada por una oligarquía terrateniente que vivía de espaldas a la realidad del país. Esta dinámica de crecimiento sin distribución encuentra un paralelo inquietante en el modelo económico actual, donde los indicadores macroeconómicos de estabilidad financiera y atracción de inversiones se utilizan como propaganda política, mientras que los salarios reales se estancan, la pobreza se cronifica y la brecha entre los extremos sociales se ensancha de manera obscena, demostrando que la modernización sin justicia social es simplemente la antesala del colapso.

La desarticulación del tejido agrario durante el Porfiriato constituye uno de los crímenes económicos y sociales más graves de la historia de México, sentando las bases materiales del estallido revolucionario. Bajo el amparo de leyes liberales como la Ley Lerdo, que en teoría buscaba fomentar la pequeña propiedad, se ejecutó un despojo sistemático y legalizado de las tierras comunales de los pueblos indígenas y las comunidades campesinas. Los mecanismos de medición y titulación, controlados por compañías deslindadoras con amplios poderes discrecionales, permitieron que millones de hectáreas pasaran a manos de unos pocos hacendados y especuladores, convirtiendo a los antiguos propietarios colectivos en peones acasillados o jornaleros errantes. Este proceso no solo destruyó los modos de vida tradicionales y la autonomía de las comunidades, sino que también frenó el desarrollo agrícola al concentrar la tierra en latifundios que a menudo se mantenían improductivos por especulación o falta de tecnología. La situación actual del campo mexicano, caracterizada por el abandono de las políticas de fomento, la dependencia de las importaciones de granos básicos y la entrega de territorios a megaproyectos extractivistas o agroindustriales sin el consentimiento de las comunidades, representa una continuidad perversa de esa lógica porfirista. En ambos casos, el campesino es tratado como un obstáculo para el progreso o como mano de obra barata, negándole su derecho fundamental a la tierra y a la soberanía alimentaria.

La explotación laboral durante el régimen porfirista se caracterizó por la ausencia total de derechos, la represión violenta de cualquier intento de organización y la imposición de condiciones de trabajo que bordeaban la esclavitud en sectores estratégicos como la minería, la industria textil y las plantaciones. Las famosas tiendas de raya, el endeudamiento hereditario y el uso de la fuerza pública para quebrar huelgas, como las de Cananea y Río Blanco, eran herramientas cotidianas para mantener a la clase trabajadora en un estado de sumisión absoluta. El Estado no actuaba como un árbitro entre el capital y el trabajo, sino como el brazo armado de los empresarios, garantizando que la plusvalía extraída de los trabajadores mexicanos maximizara las ganancias de los accionistas extranjeros. Hoy en día, aunque las formas de explotación han mutado y se han sofisticado, la esencia de esta relación de poder permanece intacta en muchos sectores de la economía. La proliferación de la subcontratación, la economía de plataformas y la precarización laboral bajo el eufemismo de la flexibilidad y la competitividad, han erosionado las conquistas históricas del movimiento obrero. Al igual que en el Porfiriato, se exige al trabajador máximo rendimiento con mínimas garantías, mientras que el Estado contemporáneo, en lugar de proteger los derechos laborales, a menudo facilita la desregulación para atraer inversiones, traicionando su obligación constitucional de garantizar el trabajo decente.

La entrega de los recursos estratégicos nacionales al capital extranjero fue la piedra angular del modelo de desarrollo porfirista, una política que hipotecó el futuro de la nación a cambio de un crecimiento efímero y dependiente. Ferrocarriles, minas y, sobre todo, el incipiente sector petrolero, fueron concesionados a empresas extranjeras que operaban como verdaderos estados dentro del estado, exentas de impuestos, sometidas a sus propias leyes y con la capacidad de influir directamente en las decisiones del gobierno mexicano. Las ganancias generadas por la explotación de estos recursos no se traducían en desarrollo nacional, sino que fluían hacia las metrópolis financieras de Londres y Nueva York, dejando en México solo los pasivos ambientales, la explotación de la fuerza de trabajo y una infraestructura diseñada exclusivamente para la extracción y exportación. Este esquema de dependencia estructural resuena con fuerza en el México del siglo XXI, donde la apertura indiscriminada a la inversión extranjera en sectores estratégicos, la falta de una política industrial soberana y la subordinación a los tratados comerciales han impedido la formación de cadenas de valor nacionales. La soberanía energética y tecnológica sigue siendo una asignatura pendiente, y la ilusión de que la inversión extranjera por sí sola traerá desarrollo es el mismo espejismo que ya costó al país una revolución sangrienta hace poco más de un siglo.

La rigidez política del Porfiriato y su incapacidad para canalizar las demandas sociales a través de mecanismos institucionales democráticos sellaron su destino y provocaron su colapso inevitable. La política de pan o palo, que combinaba el cohecho con la represión, mantuvo una apariencia de estabilidad durante años, pero solo logró acumular presiones que, al no encontrar válvulas de escape pacíficas, terminaron por estallar con una violencia incontrolable. El envejecimiento del régimen, la falta de una sucesión institucional clara y la arrogancia de una élite que creía en su propia infalibilidad, la volvieron sorda a las señales de advertencia que provenían de todos los rincones del país. Esta lección histórica es de una vigencia aplastante para la política mexicana contemporánea. Cuando un sistema político prioriza la estabilidad de las élites y la lealtad de los aparatos burocráticos por encima de la justicia social y la renovación democrática, se convierte en un gigante con pies de barro. La historia nos enseña que no existe paz duradera sin justicia, y que cualquier intento de perpetuar un modelo de exclusión, ya sea mediante el autoritarismo clásico o mediante el cinismo de las democracias gestionadas, solo siembra las semillas de su propia destrucción, haciendo que la ruptura y la refundación, como la que lideró Cárdenas, sean no solo deseables, sino históricamente necesarias.

42

CAPITULO 3. MADERO Y LA DEBILIDAD INSTITUCIONAL: CUANDO LA DEMOCRACIA NO BASTA

La figura de Francisco I. Madero representa la tragedia paradigmática de creer que la emancipación política puede sostenerse en el vacío de la justicia material. Su llegada al poder tras el triunfo revolucionario estuvo marcada por un idealismo democrático inquebrantable, pero carente de una visión estructural sobre la distribución de la riqueza y la propiedad. Madero concibió la revolución fundamentalmente como un restablecimiento de la legalidad constitucional y la sucesión presidencial efectiva, ignorando que las masas que habían empuñado las armas no luchaban solo por el derecho al voto, sino por la tierra, el salario digno y la recuperación de los recursos nacionales. Esta desconexión entre la superestructura política y la base económica generó una crisis de legitimidad inmediata. Al intentar gobernar con las mismas instituciones, las mismas leyes y los mismos aparatos burocráticos que habían oprimido al pueblo durante décadas, Madero demostró que la democracia formal es un cascarón vacío si no está sostenida por una transformación radical de las condiciones materiales de existencia. Esta lección sigue siendo brutalmente vigente en la política contemporánea, donde múltiples transiciones democráticas en el mundo han fracasado al no desmantelar los núcleos de poder económico que secuestran la voluntad popular.

La debilidad institucional del maderismo se cristalizó en su negativa a purgar y reestructurar los aparatos coercitivos y administrativos del antiguo régimen. Madero confió ingenuamente en que el ejército porfirista, la burocracia corrupta y los cacicazgos regionales respetarían el nuevo orden democrático simplemente porque había sido refrendado por las urnas. Esta omisión estratégica fue fatal, pues permitió que los engranajes del viejo Estado operaran en contra del nuevo gobierno, saboteando desde adentro las incipientes reformas y facilitando la conspiración reaccionaria. La historia enseña que no se puede edificar una nueva república sobre los cimientos podridos de la tiranía anterior sin una ruptura consciente y planificada con las viejas élites. El Estado no es un ente neutral; es un campo de batalla donde las instituciones reflejan los intereses de la clase que las controla. Al no comprender esta dialéctica del poder, Madero dejó intacta la maquinaria de la opresión, la cual eventualmente se volvió contra él. En la actualidad, los proyectos progresistas que intentan transformar la sociedad sin tomar el control real de las instituciones de justicia, seguridad y administración pública, están condenados a repetir el mismo destino trágico, siendo devorados por el estado profundo que juraron reformar.

El tratamiento de la cuestión agraria durante el breve mandato de Madero ilustra de manera dolorosa el abismo que separa el legalismo abstracto de la necesidad histórica concreta. Mientras Emiliano Zapata exigía la restitución inmediata de las tierras comunales mediante el Plan de Ayala, Madero respondía con llamados a la paciencia, al respeto a la propiedad privada y a la espera de que los mecanismos legislativos resolvieran el conflicto. Esta postura revelaba una incomprensión fundamental de la naturaleza de la revolución en curso: el campesinado no podía esperar a que los congresos debatieran mientras seguía sometido a la servidumbre en las haciendas. La tragedia maderista radica en haber confundido la justicia con la legalidad, asumiendo que las leyes porfiristas, una vez democratizadas, podrían resolver un problema que requería una expropiación revolucionaria. Este error de cálculo no solo alienó a su base social más numerosa y combativa, sino que le quitó el apoyo popular necesario para defender su gobierno ante la traición militar. Hoy, cuando los gobiernos se limitan a reconocer derechos sociales en el papel sin dotarlos de presupuesto ni de mecanismos de exigibilidad real, están replicando la misma ceguera maderista, ofreciendo una ciudadanía de papel a poblaciones que requieren emancipación material.

El sabotaje económico y la conspiración internacional que culminaron en la Decena Trágica evidencian que la soberanía política es insostenible sin independencia económica. Los intereses de la oligarquía terrateniente, aliada con el capital extranjero, particularmente el embajador estadounidense Henry Lane Wilson y las compañías petroleras y mineras, retiraron su apoyo al gobierno de Madero en cuanto este intentó aplicar mínimas regulaciones o simplemente perdió el control del orden público. La prensa financiada por estos intereses desató una campaña de desprestigio brutal, y el financiamiento de la rebelión huertista demostró que el capital transnacional no dudaría en destruir una democracia si esta amenazaba sus privilegios o introducía un mínimo de desorden en sus márgenes de ganancia. Madero fue asesinado no solo por la ambición de sus generales, sino porque representaba un orden democrático que, al no ser económicamente soberano, era percibido como una amenaza por los poderes fácticos. Esta dinámica se repite con escalofriante precisión en el siglo XXI, donde los mercados financieros y las corporaciones globales castigan con fuga de capitales y bloqueos mediáticos a cualquier gobierno que intente priorizar el bienestar nacional sobre la rentabilidad privada.

El martirio de Madero y la subsecuente dictadura de Victoriano Huerta marcaron el fin de la ilusión de que la mera voluntad democrática puede derrotar a las estructuras de la opresión. La Decena Trágica no fue un accidente histórico, sino la consecuencia lógica de un poder que carecía de las herramientas materiales y coercitivas para defenderse. La lección que extrae el análisis profundo de este periodo es que la democracia no es un estado natural ni un regalo de las élites, sino una conquista que debe ser armada y defendida diariamente contra sus enemigos internos y externos. El fracaso de Madero allanó el camino para que las facciones revolucionarias más radicales comprendieran que la toma del palacio nacional era insuficiente si no se destruía el ejército federal, si no se expropiaba a los latifundistas y si no se nacionalizaban los recursos. Este doloroso aprendizaje fue el que permitió, años más tarde, que Lázaro Cárdenas no cometiera los mismos errores, entendiendo que la democracia requiere un Estado fuerte, un pueblo organizado y una economía soberana. Madero, con su pureza moral y su trágico final, nos recuerda que la ética en la política, si no está acompañada de una estrategia de poder inquebrantable, se convierte en un sacrificio estéril.

43

CAPITULO 4. EL ASCENSO DE LAZARO CARDENAS: ROMPER EL MAXIMATO Y REFUNDAR EL PODER

El ascenso de Lázaro Cárdenas a la presidencia de la República en mil novecientos treinta y cuatro no puede comprenderse sin analizar la naturaleza profundamente corrupta y oligárquica del Maximato, periodo en el cual Plutarco Elías Calles ejerció el poder real desde las sombras, manipulando a presidentes títeres como un mecanismo de control político y preservación de privilegios. La selección de Cárdenas como candidato oficial fue, en sus orígenes, un cálculo cínico de la élite callista, quienes percibieron en el general michoacano a un militar austero, disciplinado y carente de una base política independiente, características que, en su miopía estratégica, interpretaron como sinónimos de docilidad y facilidad para ser manipulado. Sin embargo, esta subestimación del perfil psicológico y la visión histórica de Cárdenas constituyó el error fatal del Maximato, pues ignoraron que la austeridad y el silencio del general no eran producto de la sumisión, sino de una profunda convicción moral y una capacidad de observación analítica que le permitía desentrañar las podredumbres del régimen. Al asumir el cargo, Cárdenas se encontró con un Estado secuestrado, donde las instituciones republicanas eran meras fachadas para la dictadura de un caudillo que había traicionado los ideales de la revolución para convertir el poder público en un instrumento de enriquecimiento personal y control faccioso, un escenario que exigía una ruptura inmediata y contundente para evitar la consolidación definitiva de una oligarquía postrevolucionaria.

La estrategia política desplegada por Cárdenas durante los primeros meses de su mandato revela una maestría táctica que combinó la paciencia institucional con una audacia revolucionaria sin precedentes, desarticulando el andamiaje del Maximato desde adentro sin provocar una guerra civil prematura. Lejos de someterse a los dictados de Calles, el nuevo presidente inició una gira exhaustiva por todo el territorio nacional, una caravana presidencial que no tuvo el carácter de un simple paseo protocolario, sino que funcionó como un instrumento de legitimación directa y de inteligencia política. Al recorrer los caminos polvorientos de la república, Cárdenas estableció un contacto visceral con las masas campesinas y obreras, escuchando sus demandas y prometiendo reformas estructurales, construyendo así una base de legitimidad popular que operaba al margen y por encima de las maquinarias burocráticas controladas por el jefe Máximo. Este ejercicio de soberanía popular directa le permitió identificar a los caciques locales, medir el pulso del descontento social y tejer una red de lealtades que no dependía de los hilos de la vieja guardia callista. Mientras la élite política de la capital se burlaba de sus modales rústicos y su aparente ingenuidad, Cárdenas estaba refundando el pacto social, demostrando que el verdadero poder no reside en los despachos de la burocracia, sino en la capacidad de interpretar y canalizar las aspiraciones profundas de la nación.

La ruptura definitiva con el Maximato se materializó a principios de mil novecientos treinta y cinco, cuando Cárdenas ejecutó una maniobra política de precisión quirúrgica que cambió para siempre la arquitectura del poder en México. Ante los intentos de Calles por mantener el control y las crecientes presiones de los sectores reaccionarios para frenar las incipientes reformas, el presidente decidió que la convivencia con el poder fáctico era incompatible con la supervivencia del proyecto nacional. En una decisión que demostró un coraje político extraordinario, Cárdenas destituyó a los principales colaboradores de Calles en el gabinete y en el aparato de seguridad, y procedió a exiliar al jefe Máximo del país, acabando así con la farsa de la diarquía y asumiendo el mando absoluto de la nación. Este acto no fue un simple golpe de estado interno, sino la refundación del poder ejecutivo, estableciendo el principio de que la presidencia de la República debía ser la institución suprema, libre de tutelas militares o políticas, y subordinada únicamente a los intereses de la patria. Al expulsar a Calles, Cárdenas envió un mensaje inequívoco a todas las facciones y grupos de interés: la revolución había terminado de ser un botín de guerra para convertirse en un proyecto de Estado, y cualquier intento de utilizar las instituciones para fines particulares sería aplastado con la misma contundencia con la que se había derrotado a la dictadura porfirista.

La consolidación de este nuevo poder requirió una reestructuración profunda del aparato estatal y, fundamentalmente, una redefinición del papel de las fuerzas armadas en la vida nacional. Cárdenas comprendió que un Estado moderno y soberano no podía depender de la lealtad personal de los caudillos regionales, sino que necesitaba un ejército institucional, profesionalizado y subordinado al poder civil. Para lograrlo, no solo purgó a los generales corruptos y ambiciosos, sino que transformó la misión del ejército, asignándole tareas de desarrollo social, construcción de infraestructura y educación rural, integrando a la institución castrense en el proyecto de nación. Esta maniobra desactivó el peligro del pretorianismo y convirtió a los militares en garantes de la estabilidad institucional en lugar de árbitros de las disputas políticas. Paralelamente, el presidente procedió a desmantelar las redes de cacicazgo que controlaban las gobernaciones y los sindicatos, reemplazando a los operadores políticos corruptos por funcionarios técnicos y leales al proyecto cardenista. Esta depuración del Estado fue esencial para garantizar que las políticas públicas de redistribución de la tierra y nacionalización de los recursos no fueran saboteadas desde la propia administración, demostrando que la buena voluntad política es inútil si no se cuenta con un aparato burocrático capaz y comprometido con la transformación social.

El análisis profundo de este quiebre histórico con el Maximato ofrece lecciones ineludibles para la política contemporánea, donde la subordinación de los líderes a los poderes fácticos se ha convertido en la norma destructiva de las naciones latinoamericanas. La valentía de Cárdenas para romper con la estructura que lo encumbró, al comprender que dicha estructura era incompatible con el bienestar nacional, contrasta dramáticamente con la cobardía de los gobernantes actuales que prefieren negociar su dignidad y la soberanía de sus pueblos antes que confrontar a los mercados financieros, las élites mediáticas o las embajadas extranjeras. La refundación del poder cardenista nos enseña que el liderazgo verdadero no consiste en administrar el statu quo con eficiencia administrativa, sino en tener la visión y la fuerza para transformar las estructuras de dominación, asumiendo los costos políticos y personales que ello implica. En un siglo XXI caracterizado por la hegemonía del pensamiento único y la captura del Estado por intereses transnacionales, el ejemplo de Cárdenas se erige como un faro de resistencia, recordándonos que la independencia política exige la ruptura consciente con cualquier forma de tutela, ya sea interna o externa, y que la verdadera grandeza de un estadista se mide por su capacidad para devolverle al pueblo la soberanía que le ha sido arrebatada, aunque ello signifique quedar a la sombra de la historia oficial escrita por sus enemigos.

44

CAPITULO 5. LA FILOSOFIA CARDENISTA: EL ESTADO COMO ARBITRO SUPREMO DEL CAPITAL Y EL TRABAJO

La filosofía política de Lázaro Cárdenas del Río no puede reducirse a un simple catálogo de medidas administrativas ni a una reacción coyuntural ante la crisis de los años treinta, sino que constituye un cuerpo doctrinario coherente que redefinió la naturaleza misma del Estado mexicano y su relación con las fuerzas productivas de la nación. En el núcleo de esta visión se encuentra la concepción del gobierno no como un espectador pasivo del juego entre oferta y demanda, ni como un instrumento al servicio de una clase dominante, sino como el árbitro supremo e inapelable entre el capital y el trabajo, dotado de la autoridad moral y la fuerza material para imponer el interés colectivo sobre las ambiciones particulares. Esta posición filosófica no surgió de la especulación académica ni de la importación acrítica de modelos extranjeros, sino de la experiencia directa de un hombre que recorrió los caminos polvorientos de Michoacán, que presenció la miseria del peón acasillado y la arrogancia del hacendado, y que comprendió en carne propia que la libertad política es una ficción cruel cuando no está sostenida por la independencia económica. Cárdenas entendió que el Estado liberal decimonónico, ese árbitro mínimo que se limitaba a garantizar la propiedad privada y el cumplimiento de los contratos, era funcional únicamente a los intereses de quienes ya poseían capital, y que su supuesta neutralidad era en realidad la forma más sofisticada de opresión. Por tanto, la refundación del Estado debía pasar necesariamente por la asunción de una rectoría económica activa, planificadora y redistributiva, que corrigiera las asimetrías estructurales del mercado y garantizara que el fruto del trabajo nacional beneficiara a quienes lo producían y no únicamente a quienes lo administraban desde la distancia de los consejos de administración.

El posicionamiento ideológico del cardenismo frente a las dos grandes corrientes hegemónicas de su época revela una originalidad teórica que ha sido sistemáticamente minimizada por la historiografía liberal y la ortodoxia marxista. Cárdenas rechazó con la misma firmeza tanto el liberalismo económico ortodoxo, que pretendía someter el destino de las naciones a las leyes impersonales del mercado global, como el colectivismo soviético, que suprimía la propiedad privada y la iniciativa individual en nombre de una planificación centralizada que aniquilaba las libertades civiles. En su lugar, propuso un nacionalismo revolucionario que reconocía la función social de la propiedad privada, tolerando su existencia siempre que cumpliera con obligaciones concretas de producción, empleo y pago de impuestos, pero reservando al Estado el control absoluto de los sectores estratégicos y la capacidad de intervención cuando el interés público lo exigiera. Esta tercera vía, que no era un compromiso tibio entre extremos sino una síntesis dialéctica con fundamentos propios, se nutrió de la tradición comunitaria de los pueblos originarios, del constitucionalismo social de la Carta de mil novecientos diecisiete y de la experiencia concreta de la revolución agraria. El Estado cardenista no buscaba abolir el capitalismo, sino domesticarlo, someterlo a las necesidades del desarrollo nacional y evitar que sus lógicas de acumulación destruyeran el tejido social. Esta posición filosófica, que hoy sería calificada despectivamente como populismo por los guardianes del pensamiento único, demostró en la práctica que es posible construir una economía mixta dinámica, con crecimiento sostenido y distribución equitativa, sin caer en los excesos autoritarios del estatismo totalitario ni en la barbarie desregulada del libre mercado absoluto.

La implementación práctica de esta filosofía en el ámbito de las relaciones laborales transformó radicalmente la correlación de fuerzas entre patrones y trabajadores, estableciendo un marco institucional que dignificó el trabajo como el fundamento de la ciudadanía y no como una mercancía más sujeta a las fluctuaciones del mercado. Cárdenas comprendió que la justicia social no podía depender de la buena voluntad del empresario ni de la caridad patronal, sino que debía ser garantizada por la ley y defendida por un Estado dispuesto a usar su poder coercitivo contra quienes la vulneraran. La creación de la Confederación de Trabajadores de México y el fortalecimiento de los sindicatos como interlocutores legítimos del poder público no fueron actos de clientelismo político, sino la materialización de una convicción filosófica profunda: que el trabajador organizado es el contrapeso necesario al poder del capital, y que sin esta organización colectiva la negociación individual se convierte inevitablemente en una relación de sumisión. La jornada de ocho horas, el salario mínimo, el derecho a la huelga, la seguridad social y la estabilidad en el empleo dejaron de ser aspiraciones abstractas para convertirse en derechos exigibles, protegidos por tribunales laborales y por la voluntad política del ejecutivo. Esta arquitectura de protección laboral no solo mejoró las condiciones materiales de millones de familias, sino que transformó la psicología colectiva del trabajador mexicano, que dejó de percibirse como un siervo agradecido para asumirse como un ciudadano con derechos inalienables. El contraste con la realidad laboral contemporánea, marcada por la precarización, la subcontratación fraudulenta y la erosión sistemática de las conquistas sindicales, revela la magnitud de la regresión que ha sufrido el país al abandonar esta filosofía protectora.

La concepción cardenista de la soberanía nacional como un concepto indivisible, que abarca simultáneamente la independencia política, la autonomía económica y la integridad cultural, constituye el eje articulador de toda su arquitectura filosófica y la razón última de sus decisiones más audaces. Para Cárdenas, no existía soberanía real mientras los recursos del subsuelo pertenecieran a corporaciones extranjeras, mientras la tierra estuviera concentrada en latifundios improductivos, mientras la educación reprodujera los valores de las élites coloniales y mientras la política exterior se subordinará a los dictados de las potencias hegemónicas. Esta visión integral de la soberanía implicaba que el Estado debía ejercer un control efectivo sobre todos los nodos estratégicos de la economía y la cultura, no por un afán totalitario de poder, sino porque la experiencia histórica había demostrado que cualquier cesión de soberanía en un ámbito se traducía inevitablemente en la pérdida de autonomía en todos los demás. La nacionalización del petróleo, el reparto agrario masivo, la educación socialista y la política de asilo no fueron medidas aisladas ni improvisadas, sino expresiones coherentes de una misma convicción filosófica: que México solo sería libre cuando controlara su propio destino en todos los órdenes de la vida colectiva. Esta lección es de una vigencia desgarradora en el contexto actual, donde la soberanía energética ha sido fragmentada, la soberanía alimentaria ha sido sacrificada en el altar del libre comercio, la soberanía cultural ha sido erosionada por la homogeneización mediática y la soberanía política ha sido condicionada por la dependencia financiera y la injerencia de organismos internacionales que dictan las políticas económicas nacionales.

El legado filosófico del cardenismo trasciende la coyuntura histórica de los años treinta para ofrecer un marco analítico indispensable para comprender y enfrentar las crisis del siglo veintiuno. En una época dominada por la financiarización de la economía, la concentración obscena de la riqueza en manos de unas pocas corporaciones tecnológicas globales y la precarización generalizada del trabajo, la idea de un Estado árbitro supremo que subordine el capital al bienestar colectivo no es una reliquia anacrónica, sino la única respuesta racional a la barbarie del mercado autorregulado. La filosofía cardenista nos enseña que el desarrollo no es un proceso natural ni automático, sino una construcción política deliberada que requiere voluntad, planificación y la disposición de confrontar a los poderes establecidos. Nos recuerda que la democracia sin justicia social es una farsa, que la libertad sin igualdad es privilegio, y que la soberanía sin control de los recursos estratégicos es una ilusión retórica. Al mismo tiempo, nos advierte contra los riesgos del autoritarismo, del corporativismo degenerado y de la sustitución de la participación popular por la tutela paternalista del Estado. Recuperar esta filosofía no significa replicar mecánicamente las políticas de mil novecientos treinta y ocho, sino actualizar sus principios fundamentales para enfrentar los desafíos de la economía digital, la crisis climática y la nueva geopolítica multipolar. La sombra del General no es un manto que oscurece el presente, sino un refugio intelectual desde el cual es posible imaginar un futuro donde el Estado vuelva a ser el escudo de los desprotegidos y el árbitro inquebrantable entre la codicia del capital y la dignidad del trabajo, una tarea que sigue siendo, como entonces, la condición indispensable para la supervivencia de la nación.

45

CAPITULO 6. LA EXPROPIACION PETROLERA DE 1938: ANATOMIA DE UNA DECISION GEOPOLITICA

La industria petrolera en México durante las primeras décadas del siglo veinte operaba como un verdadero estado dentro del estado, controlada casi en su totalidad por compañías extranjeras que extraían millones de barriles de crudo sin retribuir a la nación una fracción justa de sus ganancias. Estas corporaciones, respaldadas por los gobiernos de sus países de origen, habían logrado concesiones leoninas durante el porfiriato y la revolución, consolidando un enclave económico que operaba bajo sus propias reglas, evadiendo impuestos y explotando a la fuerza de trabajo mexicana en condiciones deplorables. La riqueza generada por el petróleo no se traducía en escuelas, hospitales o carreteras para el pueblo mexicano, sino que fluía hacia las metrópolis financieras de Londres y Nueva York, dejando en las regiones productoras solo miseria, contaminación y un profundo resentimiento hacia el capital extranjero. Este modelo de despojo estructural no solo hipotecaba el futuro energético del país, sino que constituía una afrenta directa a la soberanía nacional, convirtiendo al subsuelo mexicano en la caja chica de las potencias imperiales. La tensión entre las compañías petroleras y el estado mexicano era una bomba de tiempo que requería una resolución definitiva, pues era evidente que la independencia política de México sería una ilusión mientras sus recursos estratégicos permanecieran en manos extranjeras y la nación careciera de los medios técnicos y financieros para desarrollar su propia industria por cuenta propia.

El detonante inmediato de la crisis no fue un capricho nacionalista, sino un conflicto laboral legítimo que evidencio la arrogancia intransigente de las empresas y la necesidad imperiosa de hacer valer la ley mexicana. Los trabajadores petroleros, organizados en un sindicato poderoso y combativo, exigían el cumplimiento estricto de los laudos emitidos por la Junta Federal de Conciliación y Arbitraje, que incluían mejoras salariales y condiciones de trabajo dignas tras años de explotación sistemática. Las compañías extranjeras, confiadas en su inmenso poder económico y en el respaldo diplomático de sus gobiernos, se negaron a acatar las resoluciones judiciales, argumentando que los pagos exigidos llevarían a la quiebra a la industria, una afirmación que los peritos del gobierno demostraron como falsa mediante una auditoria forense que revelo las enormes utilidades ocultas. Ante esta rebeldía abierta contra el poder judicial de la nación, el presidente Lázaro Cárdenas se encontró ante una encrucijada histórica: someterse a la prepotencia del capital extranjero y perder toda legitimidad frente al pueblo, o ejercer la facultad constitucional de expropiación para defender la soberanía y la justicia laboral. La decisión de Cárdenas no fue un acto impulsivo, sino la conclusión lógica de un proceso legal agotado, donde las empresas habían demostrado que no reconocían la autoridad del estado mexicano más que cuando les convenia.

La declaratoria de expropiación petrolera emitida la noche del dieciocho de marzo de mil novecientos treinta y ocho fue un sismo geopolítico que sacudió los cimientos del imperialismo económico global y redefinir para siempre la posición de México en el concierto de las naciones. Al decretar la nacionalización de todos los bienes, derechos y propiedades de las empresas petroleras extranjeras, Cárdenas no solo estaba entregando la industria al pueblo mexicano, sino que estaba desafiando directamente a las potencias más poderosas del mundo, que respondieron con un bloqueo comercial, financiero y diplomático sin precedentes. El objetivo de las potencias era asfixiar económicamente a México para forzarlo a dar marcha atrás, demostrando que la soberanía tenía un precio que el país no podía pagar. Sin embargo, el gobierno cardenista, respaldado por una movilización popular masiva y sin precedentes donde trabajadores, campesinos, estudiantes y amas de casa donaron sus escasos recursos para sostener la lucha, logro resistir el embargo. La creación de Petróleos Mexicanos no fue solo un acto de justicia histórica, sino la demostración pragmática de que un país en desarrollo podía administrar sus propios recursos estratégicos con éxito, desmintiendo la propaganda catastrofista de las compañías extranjeras que vaticinaban el colapso técnico de la industria.

En el ámbito interno, la expropiación petrolera funciono como el catalizador definitivo para la consolidación del estado nacionalista y la cohesión social en torno al proyecto cardenista, unificando a un país fracturado. La nación entera, dividida por décadas de luchas intestinas, encontró en la defensa del petróleo un punto de convergencia patriótica que trascendió clases sociales, ideologías y regiones geográficas. El estado asumió el control directo de la principal fuente de divisas del país, lo que le permitió financiar el gasto público, impulsar la industrialización y consolidar la rectoría económica sin depender de la deuda externa o de los dictados de la banca internacional. Pemex se convirtió en la empresa más importante de America Latina y en el motor del desarrollo nacional durante décadas, simbolizando la capacidad del estado para generar riqueza y redistribuirla en beneficio de la colectividad. Este triunfo épico fortaleció la figura de la presidencia y demostró que el estado mexicano, cuando actúa con convicción y respaldo popular, es capaz de doblegar a los monopolios internacionales. La renta petrolera, aunque posteriormente mal administrada por gobiernos posteriores, fue en su origen el instrumento que permitió a México mantener su independencia política y financiar su transición hacia un país moderno.

El legado de la expropiación petrolera trasciende la anecdótica histórica para convertirse en el paradigma definitivo de la soberanía energética y la dignidad nacional frente a la depredación del capital transnacional. En el contexto del siglo veintiuno, donde las reformas energéticas han devuelto parcialmente el control de los hidrocarburos a empresas privadas y extranjeras, bajo la ilusión de que la inversión foránea suplirá la falta de capacidad técnica nacional, el análisis del dieciocho de marzo resulta una lección ineludible. La historia demuestra que la entrega de los recursos estratégicos no trae desarrollo autónomo, sino dependencia y subordinación a los intereses de las potencias hegemónicas. El cardenismo nos ensena que la soberanía no se negocia ni se subasta en licitaciones internacionales, sino que se defiende con la fuerza de la ley y la unidad del pueblo. Mientras el modelo actual prioriza la rentabilidad privada sobre el interés nacional, el espíritu de Cárdenas nos recuerda que el petróleo es y debe ser un recurso de la nación, cuya explotación debe estar orientada a garantizar el bienestar de las generaciones presentes y futuras. La anatomía de esta decisión geopolítica revela que la verdadera independencia de México sigue dependiendo de su capacidad para recuperar y mantener el control absoluto de sus recursos naturales.

46

CAPITULO 7. EL EJIDO Y LA JUSTICIA AGRARIA: DESARTICULANDO EL LATIFUNDIO

La justicia agraria impulsada por Lázaro Cárdenas no puede comprenderse como una simple medida de asistencia social o un reparto demagógico de tierras, sino como la operación quirúrgica más audaz para desarticular el latifundio, que constituía la base material del poder oligárquico y la raíz de la miseria histórica en México. Durante décadas, los gobiernos posrevolucionarios habían tratado la cuestión agraria con timidez, limitándose a dotaciones simbólicas que no alteraban la estructura de la propiedad y que mantenían al campesinado en una condición de servidumbre disfrazada. Cárdenas comprendió con claridad meridiana que la soberanía política proclamada en la Constitución era una ficción inaceptable mientras la inmensa mayoría de la población rural careciera de los medios de producción para garantizar su supervivencia y dignidad. El latifundio no era solo una ineficiencia económica, sino una institución de dominación política y social que perpetuaba el cacicazgo y la exclusión. Por tanto, la reforma agraria cardenista se erigió como el pilar fundamental de la refundación del Estado, transformando al campesino de un objeto de explotación en un sujeto político con derechos inalienables, y demostrando que no existe democracia verdadera sin una base material equitativa que empodere a las mayorías desposeídas frente a los privilegios de unas cuantas familias que históricamente habían acaparado la riqueza territorial.

La arquitectura institucional diseñada para sostener esta transformación masiva revela la profundidad técnica y la visión estratégica del proyecto cardenista, alejándose de la improvisación para consolidar un sistema integral de apoyo a la nueva propiedad social. El reparto de la tierra no se limitó a la entrega de títulos de propiedad; fue acompañado por la creación del Departamento de Asuntos Agrarios y la Colonización, y fundamentalmente por el Banco Nacional de Crédito Ejidal, que proporcionó los recursos financieros, técnicos y logísticos necesarios para que los nuevos propietarios pudieran hacer productiva la tierra. El régimen ejidal, concebido como una forma de propiedad social e inalienable, protegió las tradiciones comunitarias de los pueblos originarios y evitó la reconcentración de la tierra que históricamente había provocado la venta forzada de la pequeña propiedad privada. Esta institucionalización del ejido rompió con el dogma liberal de la propiedad individual absoluta, reconociendo que en un país con profundas desigualdades, la propiedad colectiva era el único mecanismo viable para evitar el retorno al latifundismo. El Estado asumió así su responsabilidad rectora no solo en la distribución inicial, sino en el acompañamiento permanente del sector social, sentando las bases de una economía mixta donde el sector social jugaba un papel preponderante en la producción de alimentos básicos y en la cohesión territorial de las regiones más marginadas.

El impacto socioeconómico de la reforma agraria cardenista trascendió el ámbito rural para reconfigurar la estructura económica nacional, impulsando la formación de un mercado interno robusto que fue el motor de la industrialización mexicana en las décadas posteriores. Al dotar de tierra y crédito a millones de campesinos, se inyectó un poder adquisitivo masivo en las regiones más pobres del país, dinamizando el comercio local y regional, y creando una demanda de bienes de consumo y herramientas que la incipiente industria nacional comenzó a satisfacer. La producción agrícola orientada al autoconsumo y al mercado nacional experimentó un crecimiento sostenido, garantizando la soberanía alimentaria y reduciendo la dependencia de las importaciones de granos básicos. El campo mexicano dejó de ser un enclave extractivista orientado exclusivamente a la exportación para convertirse en el sostén alimentario de la nación. Este modelo de desarrollo hacia adentro, sustentado en la agricultura campesina y ejidal, demostró que la justicia social y el crecimiento económico no son conceptos mutuamente excluyentes, sino que pueden potenciarse mutuamente cuando el Estado interviene para corregir las asimetrías estructurales. La prosperidad de las zonas urbanas e industriales de las décadas siguientes fue, en gran medida, el resultado directo de la reactivación del campo y de la dignificación del trabajo rural impulsada por el general michoacano.

La implementación de esta reforma estructural enfrentó la resistencia feroz de la oligarquía terrateniente y los grupos de poder que veían en el reparto agrario la destrucción de sus privilegios ancestrales, lo que exigió al Estado cardenista un despliegue de autoridad y fuerza sin precedentes. Los hacendados y latifundistas recurrieron a todo tipo de sabotajes, desde la tala de bosques y el sacrificio de ganado en las tierras expropiadas, hasta el acaparamiento de insumos y la presión política en los círculos conservadores, intentando demostrar que la propiedad social era sinónimo de improductividad y caos. Ante esta guerra no declarada, Cárdenas no dudó en utilizar el aparato coercitivo del Estado para hacer cumplir la ley, apoyándose en el ejército y, fundamentalmente, en la organización y el armamento de las Ligas Campesinas. La creación de milicias agrarias no fue un acto de provocación, sino una medida de defensa legítima para proteger a los campesinos de las agresiones de los caciques locales y de los grupos paramilitares contratados por los antiguos terratenientes. Esta decisión de armar al pueblo para defender sus conquistas sociales evidenció la convicción cardenista de que los derechos no se otorgan por la buena voluntad de las élites, sino que se conquistan y se defienden con organización y, si es necesario, con la fuerza. El Estado demostró así que estaba dispuesto a romper el monopolio de la violencia privada de los ricos para imponer el imperio de la justicia social.

El legado del ejido y la justicia agraria cardenista permanece como el testimonio más elocuente de lo que el Estado mexicano puede lograr cuando asume su vocación de bienestar colectivo, contrastando dramáticamente con la contrarreforma neoliberal que desmanteló este sistema a finales del siglo veinte. La modificación al artículo veintisiete constitucional en mil novecientos noventa y dos, que permitió la privatización de las tierras ejidales, no fue un simple ajuste legal, sino el golpe de gracia al pacto social de la Revolución Mexicana, entregando el territorio nacional a los capitales especulativos y a los megaproyectos agroindustriales. Las consecuencias de esta traición histórica son visibles hoy en la miseria generalizada del campo mexicano, la pérdida absoluta de la soberanía alimentaria, la dependencia de las remesas y las importaciones de alimentos, y la migración masiva y forzada de millones de campesinos que, al perder su medio de vida, engrosaron las filas de la marginalidad urbana o cruzaron la frontera. Recuperar la visión cardenista sobre la tenencia de la tierra y la justicia agraria es hoy una urgencia ineludible frente al avance del extractivismo y el despojo territorial. El ejido, en su esencia de propiedad social y gestión comunitaria, sigue siendo la única alternativa viable para defender el territorio, garantizar la alimentación del pueblo y reconstruir el tejido social roto, demostrando que la sombra del General aún proyecta la luz necesaria para enfrentar los desafíos de la soberanía en el siglo veintiuno.

47

CAPITULO 8. SOBERANIA EDUCATIVA: LA FUNDACION DEL IPN Y EL INAH

La concepción cardenista de la educación trascendió la visión tradicional de la instrucción como un mero mecanismo de alfabetización o de reproducción de las elites letradas, para erigirse como el instrumento fundamental de la emancipación cognitiva y la soberanía nacional. Lázaro Cárdenas comprendido con una claridad meridiana que la independencia política y la autonomía económica resultarían efímeras si el pueblo mexicano permanecía sumido en la ignorancia técnica y la alienación cultural. La educación no podía seguir siendo un privilegio de clase ni un espacio de adoctrinamiento conservador; debía transformarse en una herramienta de transformación social que dotara a las mayorías de las capacidades intelectuales y prácticas para dominar su propio destino. Esta filosofía educativa rompió con el modelo liberal decimonónico, que se limitaba a formar burócratas y profesionales al servicio de los intereses privados, para proponer una educación integral, laica, gratuita y obligatoria, profundamente vinculada a la realidad productiva y social del país. El Estado asumió así la rectoría absoluta en materia educativa, no para imponer un pensamiento único, sino para garantizar que el conocimiento generado y transmitido sirviera para fortalecer la identidad nacional, cerrar las brechas de desigualdad y construir una ciudadanía critica capaz de defender los intereses colectivos frente a las ambiciones particulares y las injerencias extranjeras.

La fundación del Instituto Politécnico Nacional en mil novecientos treinta y seis represento la materialización más contundente de la búsqueda de la soberanía técnica y científica del México posrevolucionario. Hasta ese momento, la formación de ingenieros y científicos estaba monopolizada por una universidad tradicional que, si bien tenía un gran prestigio académico, respondía en gran medida a los intereses de la oligarquía y formaba profesionales que a menudo terminaban trabajando para las empresas extranjeras o dedicándose a la burocracia. Cárdenas identifico que la industrialización del país y la administración de los recursos nacionalizados, como el petróleo, exigían un nuevo tipo de profesional: el técnico especializado, el ingeniero de campo, el científico aplicado que pudiera resolver los problemas concretos de la producción nacional. El Politécnico nació con el propósito expreso de democratizar el acceso a la educación superior técnica, atrayendo a los hijos de los trabajadores y campesinos que tenían la inteligencia pero carecían de los recursos económicos para acceder a la universidad tradicional. Esta institución se convirtió en el motor intelectual de la industrialización mexicana, demostrando que la soberanía energética y agrícola requería imperiosamente de una soberanía cognitiva. Sin ingenieros mexicanos capaces de diseñar, construir y operar la infraestructura nacional, la expropiación petrolera y la reforma agraria habrían quedado a merced de la dependencia tecnológica extranjera.

Paralelamente a la apuesta por la modernización técnica, el cardenismo impulso la fundación del Instituto Nacional de Antropología e Historia, reconociendo que la soberanía cultural es el pilar invisible pero indestructible de la soberanía política. Durante siglos, la historia oficial y la academia habían menospreciado el legado de los pueblos originarios, promoviendo una visión eurocéntrica que avergonzaba a las mayorías mestizas e indígenas de su propia herencia. La creación del INAH no fue un simple ejercicio de preservación arqueológica, sino un acto de justicia histórica y de redefinición de la identidad nacional. El Estado asumió la responsabilidad de investigar, proteger y difundir el patrimonio cultural de la nación, integrando las raíces indígenas y mestizas en el relato oficial de la mexicanidad. Esta política de rescate histórico permitió que millones de mexicanos se reconocieran a sí mismos como herederos de una civilización milenaria, fortaleciendo el orgullo nacional y la cohesión social frente a los embates de la cultura de masas extranjera. La soberanía educativa, en este sentido, exigía que el mexicano conociera su pasado para poder imaginar su futuro, evitando que la historia fuera manipulada por los grupos de poder para justificar la dominación o la entrega de los recursos naturales. El INAH se convirtió así en la trinchera intelectual donde se defendió la memoria colectiva de la nación.

La implementación de la educación socialista, aunque objeto de intensas controversias y de una feroz resistencia por parte de los sectores conservadores y de la Iglesia, sintetizo el intento más audaz de alinear el sistema educativo con los principios de justicia social y solidaridad colectiva. Este modelo pedagógico buscaba desterrar toda doctrina religiosa y todo dogmatismo, reemplazándolos por una formación basada en la ciencia, el trabajo productivo y la conciencia de los derechos y deberes sociales. La escuela rural, en particular, se convirtió en el epicentro de esta transformación, enviando a maestros comprometidos a las regiones más marginadas para que no solo ensenaran a leer y escribir, sino que impulsaran cooperativas agrícolas, campanas de higiene y organización comunitaria. El objetivo era formar individuos con una conciencia crítica de su realidad de clase, capaces de luchar por la erradicación de la explotación y la construcción de una sociedad más equitativa. Aunque la presión política y el contexto internacional obligaron a derogar la fracción socialista de la constitución pocos años después, el espíritu de esta reforma educativa dejo una huella imborrable en la pedagogía mexicana, demostrando que la educación no puede ser neutral y que siempre responde a un proyecto político y social determinado. La resistencia de los maestros rurales y la vocación de servicio de generaciones enteras de educadores son el testimonio vivo de la potencia transformadora de esta visión.

El contraste entre la visión cardenista de la soberanía educativa y la fractura educativa del México contemporáneo revela la magnitud del retroceso intelectual y pedagógico que ha sufrido la nación. En el siglo veintiuno, bajo la hegemonía del modelo neoliberal, la educación ha sido reducida a la mera formación de competencias laborales para satisfacer las demandas del mercado global, despojándola de su carácter emancipador y de su vinculación con el desarrollo nacional. La desfinanciación de la educación superior, la precarización laboral de los docentes y la imposición de estándares evaluativos diseñados por organismos internacionales han convertido a las instituciones educativas en fábricas de mano de obra barata y en espacios de reproducción de la desigualdad. La soberanía técnica y científica sigue siendo una asignatura pendiente, evidenciada por la dependencia tecnológica del país y la fuga de cerebros, mientras que la soberanía cultural es amenazada por la homogeneización mediática y el olvido deliberado de la historia patria. Rescatar el legado del IPN y del INAH no implica un retorno romántico al pasado, sino la urgente necesidad de redefinir un proyecto educativo soberano que forme ciudadanos críticos, científicos comprometidos con su entorno y defensores de la memoria histórica, capaces de enfrentar los desafíos de la era digital sin perder la brújula de la identidad y la justicia social.

48

CAPITULO 9. LA POLITICA EXTERIOR CARDENISTA: ASILO, DIGNIDAD Y RESISTENCIA FRENTE AL FASCISMO

La política exterior del cardenismo represento una ruptura paradigmática con la tradición diplomática mexicana de las décadas previas, transitando de una postura de sumisa complacencia hacia las potencias hegemónicas a un internacionalismo de principios basado en la dignidad nacional y la solidaridad humana. Lázaro Cárdenas comprendido que la soberanía no podía limitarse a las fronteras geográficas ni a los recursos del subsuelo, sino que debía proyectarse en el escenario global como una defensa intransigente del derecho internacional y la autodeterminación de los pueblos. En un contexto mundial dominado por el ascenso del fascismo en Europa y la agresión imperialista en Asia, el gobierno mexicano rechazo categóricamente la política de apaciguamiento y la hipocresía de las democracias liberales que preferían negociar con tiranos antes que defender la libertad. Esta visión transformo a México en una potencia moral de primer orden, utilizando la diplomacia no como un instrumento de negociación comercial o de alineamiento automático con el vecino del norte, sino como una trinchera ideológica desde la cual se defendían los valores de la civilización contra la barbarie. La doctrina Estrada, que consistía en no otorgar ni retirar reconocimientos a gobiernos para no calificar su legitimidad, fue elevada a un principio ético superior, permitiendo a México mantener relaciones basadas en la realidad de los hechos y el respeto a la soberanía, sin someterse a los dictados de las embajadas extranjeras.

El conflicto español de mil novecientos treinta y seis se convirtió en el primer gran escenario donde el cardenismo demostró su intransigencia ética y su capacidad de acción geopolítica independiente. Mientras las potencias europeas y Estados Unidos imponían un embargo de armas que en la práctica asfixiaba a la Republica Española y favorecía a los sublevados fascistas, México rompió el cerco diplomático y material para enviar armamento, recursos económicos y apoyo político incondicional al gobierno legítimo de Madrid. Cárdenas entendió con una claridad meridiana que la caída de la Republica Española no era solo una tragedia para el pueblo ibero, sino el preludio de una guerra mundial que amenazaba la libertad global y, por extensión, la propia independencia de México. La decisión de mantener abierto el consulado mexicano en Madrid bajo el gobierno republicano en el exilio, y de rechazar cualquier relación con la dictadura franquista, envió un mensaje inequívoco a la comunidad internacional: México no reconocería a los gobiernos impuestos por la fuerza de las bayonetas extranjeras. Esta postura costo al país presiones diplomáticas severas y amenazas de aislamiento por parte de las potencias fascistas y sus aliados conservadores, pero el gobierno cardenista asumo esos costos con la convicción de que la dignidad nacional no tiene precio y que la solidaridad con los pueblos oprimidos es un deber ineludible de cualquier Estado que se precie de ser soberano.

La política de asilo implementada por Lázaro Cárdenas trascendió la mera filantropía humanitaria para consolidarse como una estrategia geopolítica y cultural de dimensiones colosales que enriqueció irreversiblemente el acervo nacional. Al abrir las puertas de la república a miles de refugiados españoles, judíos y disidentes políticos que huían del terror nazi y franquista, México no solo salvo vidas de la muerte segura, sino que incorporo a su territorio a un capital humano de valor incalculable. Intelectuales, científicos, médicos, artistas y profesores de primer nivel mundial encontraron en tierras mexicanas un refugio seguro, lo que detonó un salto cualitativo en la educación, la ciencia y la cultura del país. La creación de la Casa de España, que más tarde se transformaría en El Colegio de México, es el testimonio institucional de esta visión estratégica, donde el Estado asumió la responsabilidad de integrar a estas mentes brillantes en el proyecto de desarrollo nacional. Este acto de generosidad ilustrada demostró que la soberanía cultural se fortalece con la universalidad del conocimiento y que un país verdaderamente seguro de sí mismo no teme a la diversidad de ideas, sino que la utiliza para elevar su propio nivel civilizatorio. El exilio español en México no fue una carga, sino una inversión intelectual que rindió frutos durante generaciones, consolidando la infraestructura académica que permitiría al país enfrentar los desafíos de la modernidad con herramientas propias.

En el ámbito continental, la diplomacia cardenista redefinir los principios de no intervención y autodeterminación de los pueblos, despojándolos de la hipocresía con la que solían aplicarlos las potencias para proteger sus propios intereses. Frente a la llamada política de buena vecindad impulsada por Estados Unidos, que en la práctica encubría mecanismos de dominación económica y control político en America Latina, México alzo la voz para exigir un trato verdaderamente igualitario y el respeto absoluto a la soberanía de las naciones hermanas. Cárdenas brindo apoyo moral y material a los movimientos antiimperialistas de la región y condeno en los foros internacionales cualquier intento de intervención extranjera en los asuntos internos de los países latinoamericanos. Esta postura de liderazgo ético en el hemisferio no estaba exenta de riesgos, pues confrontaba directamente los intereses de las corporaciones estadounidenses que operaban con impunidad en Centroamérica y el Caribe. Sin embargo, el gobierno mexicano mantuvo su línea con una coherencia a toda prueba, estableciendo que la solidaridad regional no podía basarse en la sumisión a una hegemonía, sino en la defensa común de la independencia frente al colonialismo moderno. Esta visión panamericanista, fundada en la igualdad jurídica y el respeto mutuo, sentó las bases para que México fuera reconocido como el líder natural de las causas justas en America Latina, un prestigio moral que ninguna cantidad de poder militar o económico podría comprar.

El legado de la política exterior cardenista permanece como el estándar ético más alto que ha alcanzado la diplomacia mexicana en su historia contemporánea, contrastando dramáticamente con la irrelevancia y la sumisión que han caracterizado a las administraciones de finales del siglo veinte y principios del veintiuno. La pérdida de la autonomía diplomática, la alineación automática con las agendas de Washington y la reducción de la política exterior a una mera herramienta de promoción comercial han despojado a México de su voz propia en el concierto de las naciones. El análisis profundo de la época cardenista revela que la dignidad en el ámbito internacional no es un lujo retorico, sino un activo estratégico que permite a los países en desarrollo negociar desde una posición de fuerza y proteger sus intereses vitales frente a los bloques de poder global. En un mundo multipolar donde las tensiones entre Estados Unidos, China y Rusia reconfiguran el tablero geopolítico, la lección de Cárdenas es ineludible: México solo puede preservar su soberanía si mantiene una política exterior independiente, basada en el derecho internacional, la no intervención y la solidaridad con los pueblos oprimidos. Recuperar esta brújula diplomática es urgente para dejar de ser un actor secundario en la propia región y volver a ser un faro de dignidad y resistencia, demostrando que la grandeza de una nación no se mide por su sometimiento a los imperios, sino por su capacidad para defender sus principios en cualquier tribuna del mundo.

49

Capítulo 10. El pacto corporativista: las bases de la estabilidad y sus riesgos inherentes

La configuración del Estado posrevolucionario mexicano exigió la creación de un mecanismo político que canalizara la inmensa energía de las masas movilizadas hacia la construcción de instituciones duraderas, evitando así el caos de la fragmentación caudillista. En este contexto, el pacto corporativista impulsado por Lázaro Cárdenas no surgió como un simple arreglo electoral, sino como una arquitectura política de fondo diseñada para integrar orgánicamente a los trabajadores, campesinos y clases medias al aparato del Estado. La reestructuración del partido oficial en el Partido de la Revolución Mexicana, con sus sectores obrero, campesino y popular, representó el intento más audaz de materializar la democracia social en un país donde la democracia liberal había demostrado ser insuficiente. Esta visión partía de la premisa de que la paz social no podía sustentarse únicamente en la coerción militar o en la promesa abstracta de derechos, sino en la participación real de los sectores productivos en la toma de decisiones y en la distribución del poder. Al otorgar un reconocimiento formal y estructural a las organizaciones de masas, el cardenismo buscaba transformar a los sujetos de la revolución en actores institucionales, garantizando que el Estado reflejara la composición de clases de la nación y actuara como el garante supremo de sus conquistas históricas.

La mecánica de este pacto se fundamentó en un intercambio histórico de lealtad política por derechos sociales y económicos, un contrato no escrito que definió las relaciones de poder en México durante más de medio siglo. El Estado, a través de la Confederación de Trabajadores de México y otras organizaciones afines, concedió a los sindicatos el monopolio de la representación laboral, el acceso a la seguridad social, la estabilidad en el empleo y salarios que permitieron el surgimiento de una incipiente clase media urbana. En contraparte, las centrales obreras y campesinas entregaron su apoyo electoral incondicional al partido en el poder y se comprometieron a mantener la paz laboral, subordinando la lucha de clases a los objetivos de desarrollo nacional y acumulación capitalista dirigidos desde el gobierno. Este modelo de colaboración de clases, fuertemente influenciado por el pensamiento de Vicente Lombardo Toledano y el contexto internacional de la guerra fría, permitió una movilidad social sin precedentes y sentó las bases materiales para la industrialización por sustitución de importaciones. El trabajador mexicano dejó de ser un paria para convertirse en un ciudadano con derechos reconocidos, aunque esta ciudadanía estuviera mediada y filtrada por la estructura corporativa que el Estado diseñó para mantener el equilibrio entre el capital privado y la fuerza de trabajo organizada.

Sin embargo, la génesis de este sistema llevaba implícitos riesgos estructurales que, con el paso de las décadas, terminaron por corromper su espíritu original y convertirlo en un instrumento de control autoritario. La principal distorsión del pacto corporativista fue la burocratización de las dirigencias sindicales y campesinas, fenómeno conocido como charrismo, donde los líderes dejaron de ser representantes legítimos de sus bases para convertirse en funcionarios del Estado y operadores políticos del partido hegemónico. Al depender el sindicato de la concesión estatal para su existencia legal y su patrimonio, la independencia de clase quedó sistemáticamente aniquilada, y el derecho a la huelga o a la protesta autónoma fue castigado con la intervención oficial y la destitución de los líderes disidentes. El Estado, que en su origen cardenista actuaba como árbitro supremo, terminó por cooptar a una de las partes en conflicto, utilizando a las cúpulas sindicales para imponer techos salariales, reprimir la disidencia interna y facilitar las políticas de austeridad impuestas por los patrones. Esta degeneración transformó los derechos sociales conquistados por la sangre en privilegios administrados por una élite sindical que traicionó su mandato histórico, demostrando que la integración orgánica de las masas al Estado, sin mecanismos de democracia interna y rendición de cuentas, puede mutar fácilmente en una dictadura burocrática.

El análisis de las consecuencias a largo plazo de este modelo revela la paradoja fundamental del sistema político mexicano del siglo veinte: la estabilidad a costa de la libertad y la institucionalización a costa de la democracia genuina. El pacto corporativista logró su objetivo primario de evitar la guerra civil y garantizar la continuidad del Estado, pero el precio pagado fue la esterilización de la autonomía política de los sectores populares. Cuando el Estado mexicano abandonó el nacionalismo revolucionario para abrazar el neoliberalismo en las décadas de los ochenta y noventa, la estructura corporativa no se disolvió, sino que fue utilizada por los gobiernos para imponer las contrarreformas laborales, la privatización de empresas paraestatales y la flexibilización de los derechos adquiridos. Los líderes sindicales, atados al aparato estatal y carentes de legitimidad democrática, actuaron como los principales facilitadores del desmantelamiento del Estado de bienestar, firmando pactos de sumisión que dejaron a los trabajadores completamente desprotegidos frente a la embestida del capital transnacional. Esta traición histórica evidencia que un sistema de representación diseñado para la movilización y el control vertical es intrínsecamente vulnerable a la captura por parte de los intereses económicos dominantes, incapaz de defender a sus bases cuando el proyecto nacional es reemplazado por la lógica depredadora del mercado global.

La lección que el legado cardenista deja para el siglo veintiuno en materia de organización social exige un balance crítico que rescate la vocación protectora del Estado sin replicar los vicios autoritarios del corporativismo clásico. El desmantelamiento neoliberal no trajo la libertad sindical ni la democracia real que prometía, sino la precarización absoluta, la fragmentación de la clase trabajadora y la desaparición de los mecanismos de defensa colectiva. El desafío contemporáneo radica en construir un nuevo pacto social que reconozca la necesidad de la organización colectiva y la intervención del Estado para garantizar la justicia distributiva, pero que se sustente en la democracia directa, la transparencia y la independencia absoluta de los movimientos sociales frente al gobierno de turno. La sombra del General nos recuerda que la estabilidad política no puede comprarse con la sumisión de los trabajadores, y que la verdadera fortaleza del Estado emana de la organización libre y consciente de la ciudadanía. Recuperar el espíritu de 1938 en el ámbito laboral implica adaptar la protección social a las nuevas realidades de la economía digital y la globalización, forjando sindicatos de nuevo tipo que no sean apéndices del poder, sino trincheras autónomas de la dignidad obrera, demostrando que es posible construir hegemonía política sin sacrificar la libertad y la autonomía de los sectores populares.

50

CAPITULO 11. NACIONALISMO ECONOMICO: CONSTRUYENDO MERCADO INTERNO SIN AISLAMIENTO

El nacionalismo económico cardenista no debe ser confundido con el eutiquismo o el aislacionismo cerrado, sino que se configuro como una estrategia geopolítica sofisticada para insertar a México en la economía global desde una posición de fuerza y soberanía. A diferencia del modelo porfirista, que subordinaba la economía nacional a la exportación de materias primas y a la importación de manufacturas, o del modelo neoliberal posterior, que abrió las puertas de par en par al capital transnacional sin contrapesos, la visión de Lázaro Cárdenas buscaba construir un mercado interno robusto y autosuficiente que actuara como el motor principal del desarrollo. Esta filosofía partía de la premisa de que ninguna nación podría alcanzar la verdadera independencia política si su economía permanecía fragmentada, dependiente de los vaivenes del mercado internacional y sujeta a los dictados de las potencias financieras. Por tanto, el Estado asumió un rol activo y planificador, utilizando la renta petrolera y el crédito público para financiar la infraestructura, la industrialización y el bienestar social, demostrando que la globalización puede ser enfrentada y aprovechada sin renunciar a la rectoría económica nacional.

La mecánica para la construcción de este mercado interno se fundamentó en un círculo virtuoso de redistribución del ingreso y fomento a la producción nacional. La reforma agraria masiva y el fortalecimiento de los derechos laborales no solo fueron actos de justicia social, sino políticas macroeconómicas deliberadas diseñadas para elevar el poder adquisitivo de las mayorías. Al dotar de tierra y crédito al campesinado, y al garantizar salarios dignos y seguridad social a los trabajadores, el cardenismo creo una base de consumidores nacionales que exigían bienes y servicios, lo que a su vez incentivo a la incipiente industria mexicana a producir para el mercado doméstico. Para sostener este proceso, el Estado creo instituciones financieras clave, como Nacional Financiera, que canalizaron el crédito hacia sectores estratégicos y hacia empresarios nacionales que estuvieran dispuestos a invertir en la industrialización del país. Esta intervención estatal no busco asfixiar la iniciativa privada, sino orientarla hacia fines de interés nacional, evitando que el capital se dedicara exclusivamente a la especulación financiera o a la importación suntuaria.

El tratamiento del capital extranjero dentro de este esquema nacionalista revela un pragmatismo revolucionario que contrasta con el dogmatismo de otras experiencias históricas. Cárdenas no expulso a todas las empresas extranjeras ni cerro las fronteras a la inversión foránea; lo que hizo fue establecer reglas claras, inquebrantables y subordinadas a la ley mexicana. La expropiación petrolera envió el mensaje de que el capital internacional era bienvenido siempre que respetara la soberanía nacional, pagara sus impuestos, transfiriera tecnología y contribuyera al desarrollo real del país. Las empresas extranjeras que operaban en sectores no estratégicos tuvieron que adaptarse a un entorno donde el Estado fijaba las reglas del juego, protegiendo a los productores nacionales mediante aranceles selectivos y regulaciones que evitaban la competencia desleal. Este modelo de apertura condicionada permitió a México atraer capitales y conocimientos técnicos necesarios para la modernización, pero sin permitir que estos capitales capturaran el Estado o dictaran las políticas públicas, logrando un equilibrio delicado pero altamente efectivo entre la necesidad de integración internacional y la defensa de la autonomía económica.

La transformación estructural de la economía mexicana durante este periodo sentó las bases para el llamado milagro mexicano, consolidando un modelo de desarrollo hacia adentro que diversifico la matriz productiva del país. La protección a la industria naciente no fue un subsidio eterno a la ineficiencia, sino una herramienta temporal y estratégica para que las empresas mexicanas alcanzaran la escala y la capacidad tecnológica necesarias para competir. El Estado invirtió masivamente en electrificación, transporte y comunicaciones, creando las condiciones materiales para que el mercado nacional se integrara físicamente. Esta planificación económica, aunque a veces torpe en su ejecución burocrática, logro que México dejara de ser un país exclusivamente agroexportador para convertirse en una nación con una base industrial sólida, capaz de producir desde bienes de consumo hasta maquinaria pesada. Este logro histórico demostró que el subdesarrollo no es un destino inexorable, sino una condición que puede ser revertida mediante un Estado planificador que priorice la producción nacional y el bienestar colectivo sobre la rentabilidad inmediata de los capitales especulativos.

El legado del nacionalismo económico cardenista ofrece lecciones ineludibles para el México del siglo veintiuno, sumido en una profunda crisis de desindustrialización y dependencia alimentaria y tecnológica. El desmantelamiento de este modelo bajo las políticas neoliberales, que priorizaron la inserción subordinada en las cadenas globales de valor a través de maquiladoras y tratados de libre comercio asimétricos, destruyo el mercado interno y convirtió al país en un mero ensamble de productos con bajo valor agregado. La pérdida de la rectoría económica ha dejado a México vulnerable a las crisis externas y dependiente de las remesas y de las importaciones de insumos básicos. Rescatar la brújula cardenista en la actualidad no implica replicar las políticas de los años cuarenta, sino adaptar su espíritu a la economía digital y la transición energética. Significa volver a utilizar al Estado como el arquitecto del desarrollo, fomentando la soberanía tecnológica, protegiendo los sectores estratégicos y construyendo un mercado interno que distribuya la riqueza de manera equitativa, demostrando que la verdadera integración al mundo solo es posible cuando se tiene la espalda firme y soberana de una economía nacional consolidada.

51

CAPITULO 12. EL FIN DEL MANDATO: LA TRANSICION PACIFICA Y EL SACRIFICIO DEL PODER PERSONAL

El final del sexenio de Lázaro Cárdenas en mil novecientos cuarenta representa uno de los episodios más trascendentales y paradigmáticos de la historia política de México y de America Latina. Al término de su mandato, Cárdenas gozaba de una popularidad inmensa, respaldado por las masas obreras y campesinas, y controlaba un aparato estatal y militar que había sido reestructurado a su imagen y semejanza. En un contexto histórico donde los caudillos revolucionarios solían perpetuarse en el poder, manipular la sucesión para mantener a sus aliados en la silla presidencial o recurrir a la fuerza para no soltar el cetro, la decisión de Cárdenas de respetar escrupulosamente la Constitución y entregar el poder pacíficamente fue un acto de suprema virtud republicana. Este sacrificio del poder personal no fue producto de la debilidad ni de la falta de ambición, sino la manifestación más pura de su convicción de que las instituciones deben ser más fuertes que los individuos. Al despojarse voluntariamente de la máxima magistratura, Cárdenas demostró que el verdadero éxito de un proyecto político no se mide por la permanencia de su líder en el cargo, sino por la capacidad de las instituciones para sobrevivir y continuar el proyecto nacional sin necesidad de la tutela de su creador.

La gestión de la sucesión presidencial revelo la madurez política de Cárdenas y su priorización de la unidad nacional y la estabilidad institucional sobre los intereses de su propia facción ideológica. Aunque su corazón y su proyecto radical estaban más alineados con la candidatura de Francisco José Múgica, el contexto internacional, marcado por el estallido de la Segunda Guerra Mundial y el ascenso del fascismo, exigía un perfil más conciliador y moderado para evitar fracturas internas que pudieran ser aprovechadas por las potencias del Eje. Cárdenas, con un sentido de Estado extraordinario, impulso y respaldo la candidatura de Manuel Ávila Camacho, un hombre de perfil conservador y católico, asegurando así la transición y la continuidad del régimen. Esta decisión le costó el distanciamiento de los sectores más radicales de la revolución y las críticas de sus aliados más cercanos, pero evidencio que el estadista debe estar dispuesto a sacrificar su legado personal y sus afinidades ideológicas en el altar de la supervivencia de la nación. Al imponer la institucionalidad sobre el caudillismo, Cárdenas cerro definitivamente la etapa de los grandes caudillos militares y abrió la era de la política civil y burocrática.

La transición pacifica del poder se consumó con una serie de medidas decisivas que garantizaron que el ejército y las organizaciones de masas no intervinieran para alterar el orden constitucional. En un gesto sin precedentes, Cárdenas ordeno el desarme de las milicias campesinas y obreras que habían sido organizadas y armadas durante su sexenio para defender las conquistas sociales, entregando el monopolio de la fuerza exclusivamente al ejército federal. Esta decisión, sumamente riesgosa y criticada por sus bases más radicales, fue fundamental para evitar que el país cayera en una guerra civil o en una dictadura militar al término de su mandato. Al subordinar absolutamente a las fuerzas armadas al poder civil entrante y al desactivar los mecanismos de presión armada de los sectores populares, Cárdenas aseguro que la transición se diera en un marco de legalidad y paz. Este acto de desarme político y militar consolido la supremacía civil sobre lo castrense, un principio republicano que ha permitido a México evitar los golpes de estado y las dictaduras militares que asolaron y ensangrentaron a la mayoría de los países de America Latina durante el siglo veinte.

El contraste de este acto de desprendimiento con la historia política global y regional resalta la magnitud del legado institucional de Cárdenas. Mientras en otras latitudes las revoluciones sociales terminaban devorando a sus propios lideres o degenerando en regímenes totalitarios de partido único y liderazgos vitalicios, en México la revolución se institucionalizo mediante la alternancia y la limitación del poder. Cárdenas comprendido que la revolución no podía ser un estado permanente de excepción, sino que debía cristalizar en leyes, instituciones y procedimientos democráticos. Al retirarse a la vida civil, sin buscar la reelección, sin mantener un gobierno en la sombra y sin tutelar a su sucesor, envió el mensaje definitivo de que la presidencia de la Republica era una institución al servicio de la patria y no un patrimonio personal. Esta renuncia voluntaria al poder absoluto es la piedra angular sobre la que se construyó la estabilidad política mexicana de las décadas posteriores, demostrando que la verdadera fortaleza de un líder revolucionario reside en su capacidad para construir un sistema que funcione sin su presencia física en la cima del poder.

La lección que el fin del mandato cardenista deja para la política contemporánea es de una vigencia desgarradora y de una necesidad absoluta. En un siglo veintiuno donde el mesianismo político, la reelección indefinida y la captura de las instituciones por parte de lideres que buscan perpetuarse en el poder se han convertido en las patologías dominantes en America Latina y otras regiones, el ejemplo de Cárdenas se erige como un faro de ética republicana. Los lideres contemporáneos que holló auto las instituciones para mantenerse en el poder, que subordinan la ley a su voluntad personal y que utilizan al Estado como un instrumento de enriquecimiento y control faccioso, traicionan la esencia misma de la democracia. La sombra del General nos recuerda que el poder es un préstamo temporal de la nación y que la grandeza política se mide por la disposición a devolverlo en tiempo y forma. Recuperar la cultura del sacrificio del poder personal, de la subordinación a la ley y del respeto a la institucionalidad es la condición indispensable para que los proyectos de transformación social no terminen convirtiéndose en las nuevas dictaduras que prometen liberar al pueblo y terminan por esclavizarlo.

52

CAPITULO 13. EL DESMANTELAMIENTO DEL ESTADO: DE LA RECTORIA ECONOMICA AL NEOLIBERALISMO

El tránsito del Estado cardenista, concebido como el árbitro supremo y el motor del desarrollo nacional, hacia el modelo neoliberal que se impuso en México a partir de las últimas décadas del siglo veinte, no fue un proceso natural de evolución histórica, sino un golpe ideológico y estructural planificado con precisión quirúrgica por las élites económicas y los organismos financieros internacionales. Este desmantelamiento sistemático comenzó bajo la retórica engañosa de la modernización y la eficiencia, ocultando un proyecto de clase destinado a revertir las conquistas sociales de la Revolución Mexicana. La narrativa oficial se encargó de demonizar al Estado interventor, calificándolo de burocrático, corrupto e ineficiente, para justificar su retracción progresiva de la economía y la sociedad. Sin embargo, la realidad demostró que el Estado no se hizo pequeño, sino que fue capturado y reconfigurado para servir exclusivamente a los intereses del capital transnacional y de una oligarquía financiera local, transformando la rectoría económica en una sumisión absoluta a los dictados del mercado global y vaciando de contenido la soberanía nacional que tanto costó construir.

La imposición del Consenso de Washington y los programas de ajuste estructural funcionaron como la herramienta técnica para ejecutar esta contrarreforma, utilizando la deuda externa como un mecanismo de chantaje y disciplinamiento macroeconómico. Bajo la amenaza de default y el aislamiento financiero, los gobiernos mexicanos de turno aceptaron condiciones draconianas que incluían la reducción drástica del gasto público, la liberalización comercial indiscriminada y la desregulación de los mercados. Esta doctrina económica, presentada como la única vía racional hacia el desarrollo, ignoró deliberadamente las particularidades estructurales de México y sacrificó el mercado interno en el altar de la competitividad exportadora. La privatización de empresas paraestatales, lejos de generar la prometida eficiencia, se convirtió en un festín de transferencia de riqueza pública a manos privadas a precios de remate, consolidando monopolios u oligopolios que hoy estrangulan la economía nacional. El Estado dejó de ser un planificador del desarrollo para convertirse en un mero gestor de la austeridad, un cobrador de impuestos y un garante de la rentabilidad de los inversionistas, abandonando por completo su obligación constitucional de procurar el bienestar general.

La decadencia institucional provocada por este paradigma se manifestó con especial crudeza en el desmantelamiento de los servicios públicos y la infraestructura social que históricamente habían funcionado como amortiguadores de la desigualdad. La salud, la educación, la seguridad social y la vivienda dejaron de ser derechos universales garantizados por el Estado para convertirse en mercancías sujetas a la lógica de la oferta y la demanda. El su financiamiento crónico de estas áreas no fue un accidente presupuestal, sino una estrategia deliberada para crear una crisis artificial que justificara su posterior privatización o concesión a capitales privados. Al mismo tiempo, los organismos reguladores, diseñados para proteger a los consumidores y al medio ambiente, fueron sistemáticamente debilitados, cooptados o eliminados, eliminando cualquier contrapeso al poder desmedido de las corporaciones. Esta hollowing out o vaciamiento del Estado generó una administración pública desmoralizada, fragmentada y carente de capacidad técnica, incapaz de diseñar e implementar políticas públicas de largo plazo que respondan a las necesidades reales de la población.

Las consecuencias sociales de este desmantelamiento han sido devastadoras y constituyen la raíz de la mayoría de las patologías que aquejan al México contemporáneo. La destrucción del pacto social cardenista provocó una explosión sin precedentes de la desigualdad, la precarización laboral y la informalidad, empujando a millones de familias a la vulnerabilidad y la pobreza extrema. Al perder el Estado su capacidad de redistribución y su rol como empleador de última instancia, el tejido social se fracturó, dando paso a la competencia despiadada por la supervivencia y al debilitamiento de los lazos comunitarios. La migración masiva, tanto interna hacia las ciudades como internacional hacia Estados Unidos, no fue más que el resultado directo de la expulsión del campo y la falta de oportunidades en un país que había renunciado a su proyecto de desarrollo endógeno. La violencia que hoy desgarra al territorio nacional es, en gran medida, el síntoma de este vacío institucional, donde el Estado ha abdicado de su responsabilidad de garantizar la seguridad, la justicia y el progreso, dejando el camino libre para que el crimen organizado y los poderes fácticos llenen ese vacío con sus propias reglas de dominación.

El análisis profundo de este proceso de desmantelamiento revela que la crisis actual del Estado mexicano no es un problema de gestión o de personas, sino un problema estructural derivado de la adopción acrítica de un modelo económico que es intrínsecamente hostil al bienestar de las mayorías. Revertir esta tendencia no requiere de parches administrativos ni de promesas retóricas de un capitalismo con rostro humano, sino de una reconstrucción radical de la rectoría del Estado, inspirada en la audacia del cardenismo pero adaptada a las complejidades del siglo veintiuno. Es imperativo recuperar la capacidad del Estado para planificar la economía, regular los monopolios, garantizar los derechos sociales y defender los recursos estratégicos de la depredación extranjera. La sombra del General nos interpela a reconocer que la única salida a la encrucijada actual es dejar de administrar la decadencia y atreverse a refundar las instituciones, demostrando que un Estado fuerte, justo y soberano no es una reliquia del pasado, sino la condición indispensable para la supervivencia y la dignidad de la nación en el futuro.

53

CAPITULO 14. PRIVATIZACIONES VS. SOBERANIA: EL SECTOR ENERGETICO MEXICANO HOY

La traición histórica al legado de mil novecientos treinta y ocho se consumó de manera sistemática con las reformas energéticas neoliberales, particularmente la promulgada en dos mil trece, que desmantelaron el monopolio constitucional del Estado sobre los hidrocarburos y la electricidad bajo el engañoso disfraz de la modernización y la competencia. Este proceso no fue un ajuste técnico necesario, sino un asalto deliberado a la columna vertebral de la soberanía nacional, diseñado para abrir los recursos estratégicos de México a la depredación del capital transnacional. Al permitir la participación privada en la exploración, producción, refinación y distribución de energía, se rompió el pacto fundacional que establecía que la riqueza del subsuelo pertenece inalienablemente a la nación. La narrativa oficial vendió la idea de que el Estado era un administrador ineficiente y que la iniciativa privada traería inversión, tecnología y prosperidad, ocultando que la verdadera intención era convertir a las empresas públicas en meros competidores en desventaja dentro de un mercado diseñado para beneficiar a las corporaciones extranjeras. Esta cesión de la rectoría energética representa la máxima expresión de la subordinación geopolítica, pues un país que no controla su propia energía está condenado a la dependencia estructural y a la pérdida de su capacidad de decisión autónoma en todos los demás ámbitos de la vida nacional.

La mecánica de estas privatizaciones encubiertas reveló una arquitectura legal y regulatoria perversa, diseñada para garantizar la rentabilidad privada a costa del deterioro de las instituciones públicas. Los contratos de licencia y producción compartida otorgaron a las empresas extranjeras las condiciones más favorables, permitiéndoles extraer el petróleo de mejor calidad y mayor valor con una carga fiscal mínima, mientras que el Estado mexicano asumía la totalidad de los riesgos geológicos, ambientales y financieros. Paralelamente, se fragmentó el mercado eléctrico para que los generadores privados pudieran vender su energía a los grandes consumidores industriales, descapitalizando a la Comisión Federal de Electricidad y privándola de sus clientes más rentables, pero dejándole la obligación de mantener la red de transmisión y distribución, así como el suministro a las zonas rurales y de bajos ingresos, que son inherentemente deficitarias. Este modelo de competencia desleal no buscaba la eficiencia del sistema, sino el despojo legalizado de los activos nacionales, transformando a las empresas públicas en entes asfixiados por la deuda, para luego justificar su eventual liquidación bajo el pretexto de su supuesta inviabilidad financiera.

Las consecuencias de esta entrega del sector energético se manifiestan con crudeza en la creciente vulnerabilidad de la seguridad nacional y la dependencia industrial del país. México, que en su momento fue un exportador neto de combustibles refinados, se ha convertido en un importador masivo de gasolinas, diésel y gas natural, principalmente de Estados Unidos, lo que nos expone a la volatilidad de los precios internacionales y a las interrupciones en las cadenas de suministro globales. Esta dependencia no es solo un problema económico, sino una amenaza directa a la estabilidad interna, ya que la falta de combustibles paraliza el transporte, la agricultura y la industria, generando inflación y desabasto que golpean directamente el bolsillo de las familias más vulnerables. Además, la fuga de cerebros y la desarticulación de los centros de investigación y desarrollo tecnológico del sector han dejado al país sin la capacidad endógena para innovar o responder a los desafíos técnicos, obligándonos a comprar no solo el combustible, sino también el conocimiento y la maquinaria para procesarlo, profundizando así un ciclo de subordinación tecnológica que nos aleja cada vez más de la verdadera independencia.

El impacto social y ambiental de este modelo extractivista privatizado ha sido devastador para las comunidades locales y el medio ambiente, priorizando las ganancias a corto plazo sobre la sostenibilidad y los derechos humanos. Las concesiones otorgadas a empresas extranjeras en regiones sensibles se han caracterizado por la imposición de proyectos sin consulta previa, libre e informada a las comunidades indígenas, generando conflictos sociales, represión y la degradación irreversible de los ecosistemas. La lógica financiera de estas corporaciones ignora el daño colateral, desde los derrames de hidrocarburos hasta la contaminación de mantos acuíferos, porque sus balances no internalizan los costos ambientales ni sociales. El Estado, al renunciar a su papel de regulador y protector, se ha convertido en cómplice de este despojo, permitiendo que el territorio nacional sea tratado como una zona de sacrificio en beneficio de accionistas que residen en otros continentes. Esta realidad contrasta dramáticamente con la visión cardenista, donde la explotación de los recursos debía estar subordinada al bienestar de las comunidades y al desarrollo integral de las regiones productoras.

Recuperar la soberanía energética en el siglo veintiuno exige un giro copernicano que vaya más allá de la nostalgia y se traduzca en una estrategia estatal robusta, planificada y técnicamente viable. No se trata de aislar al país ni de rechazar la cooperación internacional, sino de reafirmar que el Estado debe ser el rector indiscutible del sector, garantizando que la energía sea un derecho social y un motor de desarrollo, no una mercancía especulativa. Esto implica fortalecer financieramente a las empresas públicas, invertir en la modernización de la infraestructura y en la generación de energía limpia bajo control nacional, y desarrollar una política industrial que fomente la cadena de valor energética dentro del territorio mexicano. El legado de Cárdenas nos enseña que la dignidad nacional se defiende con hechos, no con discursos, y que la única manera de enfrentar la crisis climática y geopolítica actual es mediante un control soberano de la transición energética. México debe dejar de ser un mero proveedor de materias primas y un mercado cautivo para convertirse en un actor que decide su propio destino energético, demostrando que la soberanía es la condición indispensable para cualquier proyecto de justicia y prosperidad colectiva.

54

CAPITULO 15. EL ABANDONO DEL CAMPO: DEL REPARTO AGRARIO A LA DEPENDENCIA ALIMENTARIA

El abandono del campo mexicano en las últimas décadas representa una de las traiciones más profundas al pacto social establecido durante la Revolución Mexicana y consolidado por el cardenismo, marcando un retroceso civilizatorio en la relación entre el Estado y sus ciudadanos rurales. Donde antes existió una política de Estado orientada a la justicia agraria, el fomento productivo y la dignificación del campesino como sujeto político y económico fundamental, hoy prevalece una visión asistencialista y mercantil que ha reducido a las comunidades rurales a la condición de rehenes de la pobreza y la marginación estructural. La transformación del ejido, que pasó de ser una institución de cohesión social y producción soberana a un simple patrimonio susceptible de ser fragmentado, vendido o acaparado, marcó el inicio de un proceso de despojo que ha desarticulado el tejido social del México profundo. Este retroceso no es un fenómeno natural ni una consecuencia inevitable de la modernidad, sino el resultado deliberado de políticas públicas diseñadas para destruir la agricultura de pequeña escala, desmovilizar al campesinado y entregar el territorio nacional a los intereses de la agroindustria transnacional y los especuladores de la tierra.

La contrarreforma agraria de mil novecientos noventa y dos, que modificó el artículo veintisiete constitucional, constituyó el punto de no retorno en este proceso de desmantelamiento sistemático de la soberanía alimentaria. Al eliminar la obligación del Estado de dotar de tierras y al permitir la enajenación de los ejidos, se abrió la puerta a un mercado de tierras que, lejos de generar desarrollo o inversión productiva, facilitó el acaparamiento por parte de grandes corporaciones, mineras y desarrolladores inmobiliarios. Paralelamente, la desaparición de instituciones clave como CONASUPO y el desmantelamiento de los sistemas de crédito, seguros y asistencia técnica dejaron al pequeño productor en un estado de indefensión absoluta frente a las fuerzas desatadas del mercado. El Estado, que en la época cardenista actuaba como garante de la producción y el precio justo de los granos básicos, se retiró estratégicamente, creando un vacío que fue llenado por intermediarios abusivos y monopolios comerciales que exprimen al campesino en el origen y encarecen los alimentos para el consumidor final, rompiendo el ciclo virtuoso de la economía rural.

La firma del Tratado de Libre Comercio de América del Norte consolidó esta dinámica de destrucción al someter al campo mexicano a una competencia desleal e insostenible contra la agricultura altamente subsidiada de los Estados Unidos. La inundación del mercado nacional con maíz, frijol, sorgo y otros granos básicos a precios por debajo de su costo de producción arruinó a millones de productores que no pudieron competir con las enormes subvenciones gubernamentales del norte, las cuales distorsionan por completo las reglas del mercado. Esta política de apertura indiscriminada no solo destruyó la economía rural, sino que provocó un éxodo masivo y forzado, vaciando comunidades enteras y alimentando los flujos migratorios hacia las ciudades, las plantaciones del norte y la frontera con Estados Unidos. El campo dejó de ser el sostén alimentario y cultural de la nación para convertirse en una zona de expulsión de mano de obra barata, rompiendo los lazos generacionales y las tradiciones que durante siglos habían mantenido viva la identidad y la resistencia de los pueblos originarios frente a la adversidad.

Las consecuencias de este abandono se reflejan hoy en una crisis de seguridad alimentaria sin precedentes, donde México, siendo el centro de origen y diversidad genética del maíz, se ha convertido en un importador masivo y dependiente de este y otros granos básicos. Esta dependencia estructural nos hace extremadamente vulnerables a la volatilidad de los precios internacionales, a las crisis logísticas globales y a las presiones geopolíticas de nuestros socios comerciales, comprometiendo la estabilidad interna del país. Además, la destrucción de la dieta tradicional y la invasión de productos ultra procesados, promovidos por las mismas cadenas comerciales que controlan el mercado, han desencadenado una epidemia de obesidad, diabetes y enfermedades crónicas que colapsan el sistema de salud pública. La paradoja es desgarradora y reveladora: un país con una riqueza agroecológica envidiable importa sus alimentos básicos mientras su población sufre las consecuencias de una mala nutrición, demostrando que la soberanía alimentaria es un componente inseparable de la soberanía nacional, la salud pública y la seguridad estratégica.

Recuperar el campo mexicano exige un retorno a los principios cardenistas de la rectoría estatal, pero adaptados a los desafíos agroecológicos, tecnológicos y climáticos del siglo veintiuno, rechazando tanto el asistencialismo estéril como la mercantilización de la vida. No basta con programas de transferencias monetarias que, si bien alivian momentáneamente la pobreza extrema, no generan capacidades productivas, no transforman la estructura del campo ni devuelven la dignidad del trabajo agrícola. Se requiere una política integral que garantice precios de garantía justos, crédito accesible y oportuno, infraestructura de riego, almacenamiento, caminos rurales y comercialización directa, así como la protección absoluta de las semillas nativas frente a los transgénicos y las patentes corporativas. El Estado debe volver a ser el articulador de cadenas productivas locales, fomentando la agricultura familiar y comunitaria como la base inquebrantable de la soberanía alimentaria. Solo mediante una reconstrucción deliberada y planificada del sector agropecuario, donde el campesino sea reconocido como el guardián del territorio y la biodiversidad, podrá México romper las cadenas de la dependencia y asegurar un futuro digno, justo y autosuficiente para las generaciones venideras.

55

CAPITULO 16. LA FRACTURA EDUCATIVA ACTUAL FRENTE A LA VISION TECNICA Y SOCIAL DEL CARDENISMO

La visión educativa cardenista concibió la escuela como el espacio fundamental de emancipación cognitiva y cohesión social, un proyecto integral que buscaba formar ciudadanos críticos, técnicamente capaces y profundamente arraigados a su identidad nacional. En contraste, la fractura educativa del México contemporáneo revela un sistema que ha sido progresivamente despojado de su vocación transformadora para ser reducido a un mero mecanismo de formación de capital humano al servicio de las demandas del mercado global. Esta transición no fue un proceso natural de modernización pedagógica, sino una reingeniería ideológica deliberada que sustituyó los fines sociales de la educación por indicadores de eficiencia administrativa y estandarización curricular. Al imponer modelos de competencias descontextualizadas, promovidos por organismos financieros internacionales, se ha erosionado la capacidad del sistema educativo para cuestionar las estructuras de desigualdad, convirtiendo a las nuevas generaciones en engranajes adaptables de una economía precaria en lugar de arquitectos de su propio destino y agentes de cambio estructural.

El desmantelamiento de la soberanía técnica y científica, pilar fundamental del proyecto cardenista, se evidencia en el estrangulamiento presupuestal y la desvalorización sistemática de las instituciones públicas de educación superior e investigación. Donde antes el Estado impulsaba la creación de ingenieros, científicos y técnicos comprometidos con el desarrollo endógeno a través de instituciones como el Instituto Politécnico

Nacional, hoy se fomenta una lógica mercantil que privilegia la educación privada de élite y somete a las universidades públicas a criterios de evaluación externos que nada tienen que ver con las necesidades reales del país. Esta mercantilización del conocimiento ha provocado una fuga de cerebros masiva y una precarización laboral sin precedentes para los académicos e investigadores, quienes deben sobrevivir en un ecosistema de becas temporales y proyectos fragmentados. La consecuencia directa es la pérdida de la capacidad nacional para generar tecnología propia, innovar en sectores estratégicos o resolver los problemas estructurales de la nación, condenando a México a una dependencia tecnológica perpetua que lo relega a la periferia del conocimiento global.

La neutralización ideológica del currículum y la persecución a la autonomía del magisterio representan otro frente de esta fractura, donde la educación cívica e histórica ha sido diluida para evitar cualquier cuestionamiento al statu quo. El cardenismo entendía que el maestro rural era un agente de transformación social, un promotor de la salud, la organización comunitaria y la conciencia de derechos, dotándolo de autoridad moral y respaldo institucional. En la actualidad, el docente ha sido convertido en un burócrata de la evaluación, sometido a pruebas estandarizadas que miden la memorización de contenidos abstractos en lugar de la capacidad pedagógica o el compromiso con su comunidad. La criminalización de la disidencia magisterial y la imposición de reformas educativas sin consenso ni diagnóstico real han roto el vínculo de confianza entre la escuela y la sociedad, generando un clima de desconfianza y resistencia que paraliza cualquier intento genuino de mejora. Esta hostilidad hacia el maestro no es un efecto colateral, sino una estrategia para desarticular al único sector organizado que históricamente ha defendido el carácter público y laico de la educación.

La irrupción de la tecnología en el ámbito educativo, lejos de democratizar el acceso al conocimiento, ha profundizado las brechas de desigualdad bajo la falsa promesa de la modernización digital. Mientras que la visión cardenista buscaba dotar a las escuelas de herramientas que sirvieran al proyecto nacional, la digitalización actual se ha implementado sin la infraestructura básica, la conectividad necesaria ni la formación pedagógica adecuada, especialmente en las zonas rurales e indígenas. Este enfoque superficial ha convertido a la tecnología en un fin en sí mismo, abriendo la puerta a la privatización de las plataformas educativas y a la extracción de datos de los estudiantes por parte de corporaciones tecnológicas globales. La educación a distancia, impuesta de manera abrupta durante las crisis recientes, evidenció la ausencia de una política de Estado que garantice el derecho a la conectividad como un servicio público esencial, dejando a millones de estudiantes en el abandono y demostrando que la tecnología, sin una visión social que la oriente, se convierte en un nuevo mecanismo de exclusión y control.

Recuperar la visión técnica y social del cardenismo en el siglo veintiuno exige una refundación del pacto educativo que coloque a la escuela pública en el centro de la estrategia de desarrollo nacional. Esto implica trascender la retórica de la modernización superficial para invertir de manera sostenida en la infraestructura escolar, la dignificación salarial del magisterio y la creación de un currículum que vincule el conocimiento científico con los saberes comunitarios y los desafíos ambientales del presente. La educación debe volver a ser un acto de soberanía, donde se fomente el pensamiento crítico, la valoración de la diversidad cultural y la formación de capacidades productivas que permitan a las nuevas generaciones construir un país menos dependiente y más justo. El legado de Cárdenas nos interpela a reconocer que no hay proyecto de nación viable sin un proyecto educativo a la altura de sus aspiraciones, y que la verdadera transformación social comienza en las aulas, cuando el Estado asume, sin concesiones, su responsabilidad ineludible de garantizar una educación liberadora, laica, gratuita y de calidad para todos.

56

CAPITULO 17. CORPORATIVISMO SIN BIENESTAR: COMO LOS SINDICATOS PERDIERON SU BRUJULA

El pacto corporativista original, concebido por Lázaro Cárdenas como un mecanismo de integración política y garantía de derechos sociales para la clase trabajadora, sufrió a lo largo de las décadas una mutación perversa que termino por desvirtuar por completo su esencia transformadora. Lo que en sus orígenes fue una alianza estratégica entre el Estado y los sectores populares para consolidar la soberanía nacional y frenar los abusos del capital privado, degenero progresivamente en un sistema de control burocrático y sumisión laboral. Los sindicatos, que nacieron como la vanguardia combativa de la revolución y el escudo protector de los desprotegidos, fueron cooptados por la maquinaria del Estado posrevolucionario, perdiendo su autonomía de clase y su capacidad de presión independiente. Esta subordinación estructural convirtió a las centrales obreras en meros apéndices electorales del partido hegemónicos, transformando la lucha por la justicia social en una transacción administrativa donde los lideres sindicales negociaban su lealtad política a cambio de privilegios personales, mientras que las bases trabajadoras eran condenadas a la inmovilidad y la resignación.

La institucionalización de esta traición histórica se materializo de manera descarnada a través del fenómeno del charrismo y la proliferación sistemática de los contratos de protección. Lideres sindicales corruptos, alejados por completo de la realidad de las fábricas y los campos de trabajo, firmaban acuerdos laborales con los patrones sin el conocimiento, la aprobación o el beneficio real de los trabajadores. Estos contratos colectivos, leoninos y letra muerta en la práctica, legalizaban la explotación, fijaban salarios de miseria y establecían condiciones laborales precarias bajo el manto de la legalidad estatal. El sindicato dejo de ser el representante legítimo de los intereses de la clase obrera para convertirse en el administrador de su propia miseria y el garante de la paz laboral que exigían los capitalistas. Esta dinámica perversa vacío de contenido los derechos constitucionales de asociación y huelga, creando una ficción jurídica donde la supuesta protección laboral era en realidad un instrumento de disciplinamiento y extracción de plusvalía en beneficio de las elites económicas y políticas.

Cuando el modelo neoliberal se impuso con toda su crudeza a partir de la década de los ochenta, la estructura corporativa no fue desmantelada, sino que fue reconfigurada para facilitar el despojo de los derechos históricos de los trabajadores. Los mismos lideres sindicales que en el pasado habían movilizado a las masas para defender conquistas sociales, se transformaron en los principales facilitadores de la flexibilización laboral, la contención salarial y la precarización del empleo. La pérdida catastrófica del poder adquisitivo del salario mínimo y la explosión de la informalidad laboral se ejecutaron con la complicidad activa o la pasividad cobarde de una dirigencia sindical que había perdido por completo su conciencia de clase. Los trabajadores se encontraron absolutamente indefensos ante la embestida del capital transnacional y las políticas de austeridad, descubriendo con amargura que sus propios representantes actuaban como la infantería de un modelo económico que los empobrecía, evidenciando la quiebra moral y política absoluta de las viejas guardias sindicales.

Esta traición sistemática genero una profunda fractura en el seno de la clase trabajadora, dando origen a movimientos sindicalistas independientes y democráticos que libraron una lucha titánica tanto contra el patronazgo como contra la traición de los lideres charros. Organizaciones y sindicatos auténticos emergieron como un intento desesperado por recuperar el espíritu de lucha de clases y la dignidad obrera, enfrentando no solo la represión estatal y empresarial, sino también la violencia intimidatoria de los propios aparatos sindicales oficiales.

Esta guerra intestina debilito enormemente la capacidad de negociación colectiva y la solidaridad de clase, permitiendo al Estado y a los grandes capitales jugar con las facciones obreras para diluir su fuerza histórica. La fragmentación del movimiento obrero dejo a los trabajadores en una condición de vulnerabilidad extrema, incapaces de articular una respuesta unificada frente a los desafíos de la globalización económica y la reestructuración productiva, consolidando un escenario de desolación donde el bienestar colectivo fue sacrificado en el altar de la competitividad empresarial.

El panorama laboral contemporáneo en México se caracteriza por una precarización sin precedentes, la expansión de la economía de plataformas y una debilidad estructural de la negociación colectiva que exige una refundación urgente del pacto social. Las recientes reformas laborales, impulsadas muchas veces por presiones internacionales, buscan democratizar la vida sindical eliminando los contratos de protección y garantizando el voto personal, libre y directo de los trabajadores. Sin embargo, la transformación jurídica es insuficiente si no va acompañada de una ruptura radical con la cultura de sumisión y de una reestructuración económica que priorice el trabajo digno sobre la rentabilidad especulativa. Recuperar la brújula cardenista en el siglo veintiuno no implica retornar al autoritarismo corporativo del pasado, sino construir un nuevo sindicalismo democrático, autónomo y combativo que defienda los derechos de los trabajadores en la era digital. La sombra del General nos recuerda que sin una clase trabajadora fuerte, organizada y consciente, cualquier proyecto de soberanía nacional y justicia social está condenado al fracaso y a la irrelevancia histórica.

CAPITULO 18. LA CRISIS DE SEGURIDAD: EL VACIO DEL ESTADO EN EL TERRITORIO NACIONAL

La crisis de seguridad que desgarra el tejido social del México contemporáneo no puede ser comprendida como un simple fallo operativo de las fuerzas del orden o como una anomalía transitoria, sino que constituye la manifestación más violenta y letal del vacío histórico del Estado en su propio territorio. Durante el proyecto cardenista, la construcción de la paz social se fundamentó en la premisa de que el monopolio de la fuerza legitima solo es sostenible cuando el Estado ejerce una presencia integral que garantiza justicia, bienestar y soberanía económica. El general Cárdenas entendió que la seguridad pública no es una cuestión meramente policial, sino la consecuencia directa de la cohesión social y la equidad distributiva. Al desmantelar el Estado de bienestar y abandonar las políticas de rectoría económica, las administraciones neoliberales generaron un desierto institucional en las periferias urbanas y las zonas rurales, creando las condiciones perfectas para que el crimen organizado y los poderes facticos llenaran ese vacío de autoridad. La tragedia actual reside en que el Estado ha abdicado de su función primordial de proteger a los desprotegidos, dejando a millones de ciudadanos a merced de una violencia endémica que refleja la quiebra absoluta del pacto social.

El desmantelamiento de las instituciones de seguridad y justicia bajo el paradigma neoliberal revelo una estrategia de desinstitucionalización que priorizo la estabilidad macroeconómica y el cumplimiento de los acuerdos comerciales sobre la integridad física de la población. La reducción del gasto público afecto de manera catastrófica a los sistemas de inteligencia, prevención del delito y reinserción social, convirtiendo a las corporaciones policiales en cuerpos reactivos, mal pagados y altamente vulnerables a la corrupción y a la cooptación por parte de las organizaciones delictivas. Lejos de construir una arquitectura de seguridad ciudadana basada en la prevención y la inteligencia, se optó por una militarización reactiva y descontextualizada que, al carecer de un proyecto de paz social y de una depuración profunda de las instituciones de procuración de justicia, termino por agravar la espiral de violencia. Esta fragmentación del aparato coercitivo del Estado demostró que la fuerza pública, cuando no está subordinada a un proyecto nacional de justicia y respaldada por un tejido social fuerte, se convierte en un instrumento de opresión o en un actor más dentro del mercado de la violencia, traicionando la visión cardenista de un ejército y una policía al servicio exclusivo de la nación y sus instituciones civiles.

La dimensión geopolítica y económica de la crisis de seguridad es un elemento ineludible que vincula la violencia domestica con la subordinación de México en el sistema mundo. El auge de las economías criminales no es un fenómeno aislado, sino el subproducto de la asimetría en el mercado global de sustancias ilícitas, el flujo descontrolado de armas de alto poder desde el norte y la falta de oportunidades económicas formales derivada del abandono del campo y la desindustrialización. El Estado mexicano, al renunciar a su soberanía económica y a su capacidad para generar desarrollo endógeno, perdió las herramientas para ofrecer alternativas de vida a las juventudes marginadas, quienes son reclutadas sistemáticamente por estas estructuras paralelas. Además, la incapacidad del Estado para controlar sus propias fronteras y regular los flujos financieros ilícitos evidencia una soberanía truncada, donde las decisiones de seguridad nacional están condicionadas por las agendas de seguridad exterior de las potencias hegemónicas. Esta realidad contrasta dramáticamente con la época cardenista, donde el Estado imponía su autoridad territorial mediante el control de los recursos estratégicos y la integración económica de las regiones, demostrando que la soberanía territorial es inseparable de la soberanía económica.

El impacto de este vacío estatal en la democracia y la vida cotidiana de los ciudadanos ha provocado una fractura ontológica en la concepción misma de la ciudadanía. En el proyecto cardenista, el ciudadano era un sujeto de derechos protegido por un Estado escudo; en el México actual, el individuo es un objeto de vulnerabilidad constante, obligado a navegar un territorio fragmentado por zonas de impunidad y autoridades coludidas. Esta crisis de seguridad no solo cobra cientos de miles de vidas, sino que destruye la capacidad de asociación, limita la libertad de tránsito, silencia a la prensa y anula la participación política, convirtiendo a la democracia en un ritual vacío en las regiones donde el crimen organizado dicta las reglas. La impunidad sistemática, que roza niveles alarmantes en los delitos de alto impacto, no es un fallo técnico del sistema judicial, sino una característica estructural de un Estado que ha perdido el monopolio de la justicia. Recuperar el territorio nacional exige comprender que la paz no se decreta con operativos mediáticos, sino que se construye mediante la restauración de la autoridad civil, la erradicación de la corrupción en los tres niveles de gobierno y la reconstrucción de un sistema de justicia que sea accesible, rápido y equitativo para todas las clases sociales.

Rescatar la brújula cardenista para enfrentar la crisis de seguridad en el siglo veintiuno implica trascender la falsa dicotomía entre la represión militar y la permisividad, proponiendo una estrategia integral de reconstrucción del Estado de Bienestar como la única respuesta viable a la violencia. La seguridad pública debe ser entendida como la última ratio de un Estado que ha agotado todas las vías de la inclusión social, la educación, la salud y el empleo digno. Esto requiere una reingeniería profunda de las instituciones de seguridad, basada en la depuración total de los cuerpos policiales, la profesionalización de las carreras de seguridad y justicia, y la implementación de sistemas de inteligencia civil que prioricen la prevención y la desarticulación financiera del crimen organizado sobre la confrontación armada. Asimismo, exige que el Estado recupere su presencia física y social en las comunidades más marginadas, no solo con elementos armados, sino con escuelas, hospitales, infraestructura y programas de desarrollo productivo. La sombra del General nos recuerda que la paz verdadera es la ausencia de violencia estructural y la presencia de justicia, y que solo un Estado soberano, fuerte y comprometido con su pueblo puede arrebatarle el territorio a la barbarie y devolverle a la nación la tranquilidad y la dignidad que le fueron arrebatadas.

CAPITULO 19. LA POLITICA EXTERIOR EN EL SIGLO XXI: ENTRE LA SUMISION Y LA IRRELEVANCIA

La política exterior de México en el siglo veintiuno ha transitado de manera alarmante desde los altos principios de dignidad, asilo y no intervención que caracterizaron al cardenismo, hacia un escenario marcado por la sumisión automática y una creciente irrelevancia en el concierto de las naciones. Donde antes el Estado mexicano se erigía como una potencia moral y un faro de resistencia antiimperialista en America Latina, hoy se ha reducido a un espectador silencioso que prioriza la complacencia diplomática sobre la defensa de los intereses nacionales. Esta transformación no fue un accidente histórico, sino el resultado deliberado de una doctrina que subordino la soberanía política a los imperativos del libre comercio y la alineación estratégica con la potencia hegemónica del norte. Al abandonar la Doctrina Estrada en la práctica y renunciar al liderazgo ético regional, México perdió su voz propia, aceptando un rol secundario que le impide influir en las decisiones globales que afectan directamente su destino, su seguridad y su desarrollo económico.

Los mecanismos de esta subordinación se han institucionalizado a través de tratados comerciales asimétricos y una visión de la diplomacia reducida a la mera promoción de inversiones y el turismo. Bajo el pretexto de la modernización y la competitividad, los gobiernos recientes han aceptado condiciones que limitan la capacidad del Estado para regular su propia economía o defender a sus ciudadanos frente a las corporaciones transnacionales. La política exterior se ha convertido en un apéndice de la política comercial, donde cualquier gesto de independencia o solidaridad con pueblos oprimidos es inmediatamente censurado por el temor a represalias económicas o diplomáticas. Esta autocensura sistemática ha llevado al país a guardar un cómplice silencio ante violaciones al derecho internacional y a alinear sus votos en organismos multilaterales con los intereses de las potencias dominantes, traicionando la tradición de independencia que alguna vez permitió a México ser el puente entre el norte y el sur global y el defensor incansable de la autodeterminación de los pueblos.

En un contexto geopolítico mundial que se reconfigura aceleradamente hacia un orden multipolar, con el ascenso de nuevos bloques de poder como China, Rusia y las economías emergentes del Sur Global, la falta de una estrategia soberana coloca a México en una posición de extrema vulnerabilidad. En lugar de aprovechar su ubicación geográfica, su riqueza cultural y su historia de resistencia para construir una posición negociadora fuerte e independiente, el país ha permitido ser tratado exclusivamente como un patio trasero o una plataforma de maquila para las cadenas de suministro norteamericanas. Esta miopía estratégica impide que México diversifique sus relaciones internacionales, fortalezca la integración latinoamericana real y participe activamente en la construcción de una nueva arquitectura financiera y comercial global. La ausencia de una visión geopolítica de largo plazo condena a la nación a ser un peón en el tablero de las grandes potencias, sujeto a los vaivenes de sus conflictos y dependiente de sus concesiones, en lugar de ser un actor soberano con agenda propia.

La manifestación más dolorosa de esta pérdida de soberanía se observa en la gestión de los flujos migratorios, donde México ha sido coaccionado para externalizar las políticas de seguridad fronteriza de Estados Unidos en su propio territorio. Lejos de la tradición cardenista de ofrecer asilo y solidaridad a los perseguidos, el Estado mexicano ha sido obligado a actuar como un muro de contención, militarizando su frontera sur y criminalizando a miles de migrantes centroamericanos que solo buscan un futuro digno. Esta política de contención, impuesta bajo la amenaza de aranceles y presiones diplomáticas, no solo viola los derechos humanos fundamentales, sino que degrada la posición moral del país y convierte a sus propias instituciones de seguridad en instrumentos de represión al servicio de una agenda extranjera. La transformación de México de un histórico refugio de libertad a un carcelero regional representa una de las traiciones más profundas a la esencia humanista y solidaria que alguna vez definió su identidad internacional.

Recuperar la brújula cardenista en la política exterior del siglo veintiuno exige un giro radical que trascienda la retórica y se concrete en acciones que reafirmen la independencia y la dignidad nacional. Esto no implica un aislacionismo ingenuo, sino el desarrollo de una diplomacia activa, diversificada y principista que utilice las relaciones internacionales como una herramienta para el desarrollo soberano y la defensa de los derechos humanos. México debe reasumir su liderazgo natural en America Latina, impulsando mecanismos de integración regional que no estén supeditados a los designios de Washington, y fortalecer sus lazos con las naciones del Sur Global en condiciones de mutuo respeto y beneficio. El legado de Lázaro Cárdenas nos recuerda que la verdadera grandeza de una nación no se mide por su capacidad de complacer a los imperios, sino por su valentía para defender sus principios en cualquier tribuna del mundo, demostrando que la soberanía es el único fundamento sobre el cual se puede construir una paz justa y un futuro próspero para el pueblo mexicano.

59

CAPITULO 20. TECNOCRACIA VS. ESTADISTAS: POR QUE LA BUENA ADMINISTRACION NO SUPLE LA FALTA DE PROYECTO

La sustitución histórica del estadista por el tecnócrata representa una de las mutaciones más letales para la supervivencia del Estado mexicano moderno, una transición que confundió la eficiencia administrativa con la grandeza nacional. Mientras el estadista opera desde una visión teleológica, asumiendo la política como el arte de forjar un destino colectivo y garantizar la soberanía frente a las presiones externas, el tecnócrata se limita a gestionar el presente como un mero administrador de recursos escasos, subordinando el bien común a los imperativos del mercado y la estabilidad macroeconómica. Esta degradación de la función pública no fue un simple cambio de perfil profesional, sino una imposición ideológica diseñada para vaciar de contenido político las decisiones de Estado, presentando ajustes estructurales, privatizaciones y recortes presupuestales como ecuaciones matemáticas neutrales e inevitables. Al reducir la política a un problema de contabilidad, el país quedó a merced de gerentes sin patria, expertos en optimizar balances corporativos pero absolutamente analfabetos en la historia, la sociología y la defensa de los intereses estratégicos de la nación.

La ilusión de la neutralidad técnica constituye la falacia central sobre la que se erigió el modelo neoliberal, permitiendo que una élite de egresados de las mejores universidades extranjeras impusiera una agenda de desmantelamiento sin someterla al escrutinio democrático ni al debate ideológico. Los tecnócratas se presentan a sí mismos como servidores públicos desprovistos de intereses de clase, cuya única lealtad es hacia la eficiencia y el crecimiento, ocultando que sus decisiones siempre benefician a los sectores concentrados del capital mientras socializan las pérdidas entre las mayorías. Esta ceguera voluntaria los lleva a confundir un país con una empresa, ignorando que la nación no busca la rentabilidad del accionista, sino la cohesión social, la justicia distributiva y la independencia frente a los imperios. Cuando la administración pública se divorcia de la realidad material de los pueblos y se obsesiona con los indicadores bursátiles y las calificadoras de riesgo, el Estado pierde su capacidad de respuesta ante las crisis, convirtiendo la buena administración en una herramienta de anestesia social mientras el tejido comunitario se desintegra.

El contraste con la época cardenista resulta abismal y revelador, pues Lázaro Cárdenas no fue un administrador de turnos, sino un estadista integral que subordinó el conocimiento técnico y la burocracia a un proyecto nacional claro, inquebrantable y profundamente popular. Cárdenas comprendió que la soberanía no se decreta con discursos, sino que se construye mediante decisiones políticas de alto riesgo, como la expropiación petrolera o el reparto agrario masivo, las cuales requerían audacia, legitimidad popular y una comprensión cabal de la correlación de fuerzas internacional. En su gobierno, los expertos, ingenieros y economistas eran herramientas al servicio de la visión de Estado, no los dictadores de la política pública. Esta jerarquía correcta entre el proyecto político y la administración técnica permitió que México enfrentara crisis globales con autonomía, demostrando que la verdadera capacidad de un gobierno no se mide por su habilidad para mantener las finanzas públicas cuadradas, sino por su voluntad de transformar las estructuras de poder para emancipar a su pueblo y proteger su territorio.

Las consecuencias de décadas de gestión tecnocrática se manifiestan hoy en la profunda orfandad de proyecto que padece el país, un vacío que ha dejado a la nación a la deriva frente a los desafíos de la globalización, la crisis climática y la recomposición geopolítica. La supuesta modernidad de los gerentes neoliberales no evitó la destrucción del aparato productivo, la dependencia alimentaria, la precarización laboral ni la explosión de violencia que hoy desgarra el territorio, simplemente administró el declive con eficiencia contable. Al no existir un rumbo nacional definido, las instituciones se convirtieron en aparatos burocráticos autorreferenciales, diseñados para cumplir con los requisitos de los organismos internacionales de crédito en lugar de resolver los problemas estructurales de las comunidades. La buena administración sin proyecto es, en última instancia, la forma más sofisticada de la claudicación, pues permite que las fuerzas del mercado y las potencias extranjeras determinen el destino del país mientras los funcionarios se congratulan por mantener la estabilidad nominal de las variables macroeconómicas.

Recuperar el rumbo en el siglo veintiuno exige la urgente refundación de una clase política que abandone la obsesión por el malajemente corporativo y abrace nuevamente la vocación de estadistas. México no necesita mejores contadores ni gerentes de recursos humanos, sino arquitectos de un nuevo pacto social que coloquen la soberanía, la justicia y el bienestar colectivo por encima de los dogmas fiscales. Esto implica recuperar la capacidad de planificación estratégica del Estado, revalorizar el papel de las instituciones públicas como motores de desarrollo y formar una nueva generación de servidores públicos con conciencia histórica y lealtad inquebrantable a la nación. El legado de Cárdenas nos interpela a comprender que la política no es una técnica de gestión, sino la disputa por el destino de la patria, y que solo aquellos líderes capaces de articular un proyecto de futuro, movilizar las energías del pueblo y enfrentar a los poderes fácticos con dignidad y firmeza, estarán a la altura del desafío de construir un México verdaderamente libre, justo y soberano.

60

CAPITULO 21. EL FALSO PROGRESISMO LATINOAMERICANO: RETORICA SIN REFORMAS ESTRUCTURALES

El surgimiento de una ola de gobiernos autodenominados progresistas en America Latina a principios del siglo veintiuno presento una paradoja histórica que exige un análisis crítico y desprovisto de ilusiones ideológicas. Estas administraciones, si bien utilizaron una retórica de izquierda, justicia social y antiimperialismo, se caracterizaron por mantener intacta la matriz económica neoliberal heredada de las décadas anteriores. A diferencia del proyecto cardenista, que asumió el riesgo histórico de transformar las bases materiales de la propiedad, nacionalizar los recursos estratégicos y reestructurar el Estado para subordinar el capital al trabajo, el falso progresismo se limitó a administrar el modelo extractivista con un rostro más humano. Esta cobardía estructural se manifestó en la negativa a tocar los privilegios de las oligarquías financieras, los monopolios mediáticos y los grandes terratenientes, demostrando que la mera declaración de intenciones sociales es insuficiente si no se acompaña de una ruptura consciente con los mecanismos de acumulación que generan la desigualdad y la dependencia.

La ilusión de la reducción de la pobreza y el aumento del consumo popular durante estos gobiernos se sustentó fundamentalmente en el ciclo alcista de los precios de las materias primas, y no en una transformación productiva real. Al depender exclusivamente de la renta extractiva, estos regímenes financiaron programas de asistencia social que, si bien aliviaron momentáneamente la miseria extrema, no generaron movilidad social ascendente ni modificaron la distribución del ingreso en los estratos superiores. Esta dinámica consolido un modelo de neodesarrollismo que profundizo la dependencia de la exportación de recursos naturales, sacrificando la soberanía ambiental y los derechos de las comunidades originarias en aras de la recaudación fiscal. El contraste con el nacionalismo económico de Cárdenas es abismal, pues mientras el general michoacano utilizo la renta petrolera para construir infraestructura, industria y soberanía técnica, los falsos progresistas utilizaron la renta minera y agrícola para sostener el consumo importado, dejando a sus países más vulnerables que nunca ante la volatilidad de los mercados globales.

La debilidad institucional de estos proyectos políticos radico en su incapacidad para construir un nuevo bloque hegemónico y en su temor a democratizar realmente el aparato de Estado. Lejos de emprender una depuración de los poderes judiciales, las burocracias centrales y los organismos autónomos heredados del neoliberalismo, los gobiernos progresistas optaron por la cooptación y el pacto con las elites tradicionales. Esta decisión estratégica fatal permitió que los poderes facticos conservaran sus mecanismos de veto y sabotaje, los cuales fueron activados en cuanto el ciclo económico favorable termino. El cardenismo, por el contrario, comprendido que no se puede edificar una nueva república sobre los cimientos podridos del viejo orden, y por ello procedió a reestructurar el ejército, reformar la constitución y crear instituciones completamente nuevas que encarnaran el proyecto nacional. Al no replicar esta audacia refundacional, el falso progresismo quedo atrapado en una red institucional hostil que termino por asfixiar sus tímidos intentos de reforma y facilitar el retorno de las derechas más reaccionarias.

En el ámbito geopolítico, esta corriente latinoamericana exhibió una contradicción flagrante entre su discurso de integración regional y su práctica de subordinación económica. Si bien se promovieron organismos de cooperación diplomática, no se avanzó en la construcción de una verdadera soberanía económica continental, ni en la creación de bancos del sur con capacidad real de financiamiento autónomo, ni en la planificación conjunta de cadenas de valor industriales. La supuesta multipolaridad se tradujo simplemente en la diversificación de los socios comerciales, entregando los recursos estratégicos a nuevas potencias extractivistas sin exigir la transferencia tecnológica ni el desarrollo endógeno que caracterizo la visión cardenista. México, bajo la influencia de estas corrientes o por su propia deriva neoliberal, perdió el liderazgo moral que le permitía articular una defensa común de la región frente a los imperios. La falta de un proyecto geopolítico soberano dejo a America Latina fragmentada y vulnerable, demostrando que la retórica no sustituye a la planificación estratégica ni a la voluntad de hierro necesaria para confrontar el orden económico internacional.

El legado más amargo de esta experiencia es el desencanto popular y el consiguiente ascenso de las ultraderechas en diversos países de la región, fenómeno que no es más que la respuesta punitiva de las clases dominantes ante el miedo que les infundio la mera presencia de gobiernos de izquierda. Al no haber transformado las estructuras profundas de la economía y la sociedad, el falso progresismo no logro arraigar una conciencia de clase ni una organización popular independiente que pudiera defender las conquistas obtenidas. Cuando la crisis llego, las masas se encontraron desarmadas institucionalmente y sin un proyecto de nación que las convocara a la defensa del modelo. La lección que emana de este fracaso y que resuena con la sombra del General es ineludible: la transformación social no se archive mediante la gestión administrativa de la pobreza ni mediante la conciliación de clases con las elites depredadoras. Solo un liderazgo estadista, dispuesto a sacrificar la complacencia internacional y a desmantelar los núcleos de poder que oprimen al pueblo, puede garantizar que los cambios sean irreversibles y que la soberanía nacional deje de ser un eslogan para convertirse en una realidad material e inquebrantable.

CAPITULO 22. EXTRACTIVISMO MODERNO: LA NUEVA COLONIZACION DE LOS RECURSOS EN EL SIGLO XXI

El extractivismo moderno en America Latina representa una mutación perversa y sofisticada de las antiguas lógicas coloniales de despojo, adaptada a las exigencias de la globalización financiera y las cadenas de suministro transnacionales. A diferencia del extractivismo primario de épocas anteriores, centrado en la extracción física de oro, plata o petróleo, el modelo contemporáneo abarca la mercantilización de la naturaleza en su totalidad, incluyendo la biodiversidad, los recursos hídricos, los conocimientos ancestrales y los ecosistemas completos. Esta nueva fase de acumulación por desposesión no requiere necesariamente de la ocupación militar directa, sino que se ejecuta mediante marcos jurídicos internacionales, tratados de libre comercio y mecanismos de arbitraje que blindan las inversiones extranjeras frente a cualquier regulación soberana. El Estado nacional, en lugar de actuar como el árbitro supremo y defensor del patrimonio común que imaginaba el cardenismo, ha sido reducido a un mero facilitador administrativo que otorga concesiones, flexibiliza las normativas ambientales y reprime la disidencia social, entregando la riqueza biológica y mineral de la región a un circuito financiero global que captura la renta sin generar desarrollo endógeno ni bienestar para las poblaciones locales.

La arquitectura jurídica e institucional de este neoextractivismo se sustenta en la ficción de la seguridad jurídica para el inversionista, un eufemismo que encubre la subordinación absoluta de la soberanía legislativa y judicial de los países latinoamericanos a los intereses corporativos. Los capitales transnacionales, respaldados por sus gobiernos de origen y por organismos multilaterales de crédito, imponen condiciones leoninas que garantizan la repatriación de utilidades y la inmunidad frente a las leyes ambientales o laborales locales. Cuando un Estado intenta recuperar el control de sus recursos o implementar políticas de protección ecológica, es inmediatamente sancionado con demandas millonarias en tribunales internacionales de arbitraje, un mecanismo que paraliza la voluntad política y perpetua el despojo. Esta dinámica revela la continuidad histórica de la dependencia estructural, donde las elites locales cómplices y las corporaciones globales se reparten la renta extractiva, dejando para el pueblo los pasivos ambientales, la destrucción de los medios de vida tradicionales y la degradación irreversible de los territorios. La ilusión del desarrollo sostenible o la minería verde no es más que una cortina de humo ideológica para justificar la continuación de un modelo que trata a la naturaleza y a las comunidades como meros insumos desechables en la maquinaria de la acumulación capitalista.

El impacto territorial y social de esta nueva colonización de los recursos ha devastado el tejido comunitario de las zonas rurales e indígenas, transformándolas en zonas de sacrificio para la economía global. Las comunidades que históricamente habían sido los guardianes de la biodiversidad y los sujetos centrales de la reforma agraria cardenista, hoy son criminalizadas, desplazadas y violentadas cuando se oponen a la instalación de megaproyectos mineros, hidroeléctricas o monocultivos agroindustriales. La defensa del territorio se ha convertido en un acto de alta resistencia, donde lideres ambientales y defensores de derechos humanos son sistemáticamente estigmatizados como enemigos del progreso o colaboradores del terrorismo, enfrentando campañas de desprestigio mediático, persecución judicial y, en muchos casos, el asesinato. Esta violencia estructural evidencia la quiebra del pacto social y la incapacidad del Estado para garantizar la vida y la autodeterminación de sus ciudadanos más vulnerables. Lejos de la visión cardenista que integraba al campesino y al indígena como pilares de la nación y sujetos de derechos, el extractivismo moderno los reduce a obstáculos estadísticos que deben ser removidos para garantizar el flujo ininterrumpido de materias primas hacia los centros de poder económico global.

En el ámbito geopolítico, la transición energética global ha exacerbado esta dinámica extractivista, convirtiendo a America Latina en el nuevo patio trasero de la llamada economía verde. La demanda insaciable de litio, cobre, tierras raras y minerales críticos por parte de las potencias industriales del norte ha desencadenado una nueva fiebre del oro blanco, amenazando con reproducir los mismos patrones de saqueo que caracterizaron al ciclo del petróleo y la plata. Sin embargo, a diferencia de la época cardenista, donde la nacionalización del petróleo permitió a México construir una industria estatal soberana, los gobiernos latinoamericanos contemporáneos carecen de la visión estratégica y la voluntad política para formar un cartel de minerales críticos o para exigir la transferencia tecnológica y el procesamiento local de estos recursos. La región se conforma con exportar materia prima barata e importar tecnología cara, perpetuando su condición de periferia subordinada. La supuesta lucha contra el cambio climático se utiliza así como una justificación moral para acelerar el despojo territorial en el sur global, demostrando que sin soberanía económica y planificación regional, la transición ecológica se convertirá en un nuevo mecanismo de recolonización que beneficiara a las mismas corporaciones que causaron la crisis climática.

Romper este ciclo de recolonización extractivista exige una ruptura radical con el paradigma del crecimiento ilimitado y una recuperación critica de los principios de soberanía y justicia social que inspiraron al cardenismo. No se trata de volver a un extractivismo estatal burocrático que también destruyo ecosistemas, sino de construir un nuevo pacto eco social que subordine la explotación de los recursos a las necesidades reales de la población y a los limites biofísicos del planeta. Esto implica nacionalizar estratégicamente los sectores clave, prohibir las concesiones en territorios sagrados o de alta vulnerabilidad ecológica, y democratizar la gestión del territorio mediante la consulta libre, previa e informada de las comunidades. El legado de Lázaro Cárdenas nos ensena que la verdadera independencia no solo requiere el control político de las instituciones, sino la apropiación social de la riqueza natural, garantizando que esta sirva para financiar el bienestar colectivo y la transición hacia una economía verdaderamente sostenible. Solo mediante una redefinición profunda de la relación entre la nación y sus recursos, donde el Estado actúe como el escudo inquebrantable de la vida frente a la codicia financiera, America Latina podrá dejar de ser la bodega de recursos del mundo y convertirse en el arquitecto de su propio destino civilizatorio.

CAPITULO 23. LIDERAZGOS MESIANICOS VS. CONSTRUCCION INSTITUCIONAL: EL ERROR REGIONAL

La historia política de America Latina ha estado cíclicamente atrapada en la seducción destructiva del liderazgo mesiánico, un fenómeno que contrasta dramáticamente con la paciente y solida construcción institucional que caracterizo al proyecto cardenista. Mientras la región ha producido reiteradamente caudillos que prometen la redención de las masas a través de su voluntad personal y carisma inigualable, Lázaro Cárdenas comprendido que la verdadera transformación social no reside en la figura del salvador, sino en la arquitectura del Estado. El mesianismo, con su retórica grandilocuente y su centralización del poder en un solo individuo, genera una ilusión de cambio que oculta la fragilidad estructural de las naciones. Al personalizar la esperanza y la justicia en un líder, se desmoviliza a la ciudadanía y se impide el desarrollo de una conciencia colectiva capaz de sostener las reformas. El cardenismo, por el contrario, demostró que la grandeza de un estadista no se mide por el culto a su personalidad, sino por su capacidad para forjar instituciones impersonales, democráticas y duraderas que sobrevivan a su mandato y salvaguarden los intereses de la nación frente a las ambiciones facciosas.

Las raíces de esta patología política regional se hunden en el legado colonial y en la cultura del caudillismo que fracturo a las jóvenes republicas tras su independencia. La ausencia de una tradición democrática sólida y la profunda desigualdad social crearon un caldo de cultivo perfecto para que las masas oprimidas buscaran en un líder fuerte y paternalista la resolución de sus miserias. Este imaginario colectivo, alimentado por la desesperación y la falta de canales institucionales efectivos, convierte a los lideres mesiánicos en figuras cuasi divinas, incapaces de ser cuestionadas por sus bases. Sin embargo, esta dinámica es intrínsecamente antidemocrática y contraproducente, pues al concentrar todas las decisiones en el capricho del líder, se anula el debate público, se destruyen los contrapesos de poder y se subordina el bien común a la supervivencia política del caudillo. La región ha pagado un precio altísimo por este error, padeciendo dictaduras crónicas, transiciones caóticas y el desmantelamiento sistemático de los pocos avances sociales logrados, todo ello bajo la sombra de lideres que confundieron el Estado con su propio patrimonio.

Las consecuencias históricas de priorizar el mesianismo sobre la institucionalidad son devastadoras y se reflejan en la crónica inestabilidad de los Estados latinoamericanos. Cuando el poder depende exclusivamente de la vitalidad o la astucia de un individuo, la muerte, el retiro o el desprestigio del líder provocan vacíos de autoridad que derivan en guerras civiles, golpes de estado o regresiones autoritarias. El contraste con la decisión de Cárdenas de entregar el poder pacíficamente y desarmar a las milicias para subordinarlas al ejército federal es, por tanto, una lección magistral de ingeniería política. Al renunciar a perpetuarse en el poder y al aceptar la transición hacia un gobierno civil y conciliador, Cárdenas mato al caudillo para dar nacimiento al presidente institucional. Este sacrificio del ego personal en aras de la continuidad del proyecto nacional es la antítesis del mesianismo regional y representa el único camino viable para romper el ciclo de esperanza y frustración que ha condenado a America Latina al subdesarrollo político.

En el siglo veintiuno, este error regional ha mutado y se ha disfrazado con las estéticas de la izquierda y el progresismo, dando lugar a nuevos populismos que replican las mismas dinámicas caudillistas. Lideres contemporáneos han llegado al poder atacando a las instituciones liberales, calificándolas de obstáculos para la voluntad popular, solo para reemplazarlas con aparatos burocráticos diseñados para su control absoluto. Esta falsa dicotomía entre el pueblo y las instituciones es la herramienta predilecta del mesianismo moderno, pues permite al líder gobernar por decreto, cooptar los poderes judiciales y electoral, y perseguir a la disidencia en nombre de una supuesta revolución permanente. Sin embargo, al destruir los mecanismos de rendición de cuentas y la autonomía técnica del Estado, estos regímenes terminan por incapacitar al gobierno para implementar políticas publicas efectivas. La falta de instituciones sólidas convierte a estos proyectos en meros ejercicios de distribución de renta extractiva, que colapsan en cuanto cambian las condiciones económicas internacionales, dejando a la sociedad más empobrecida y dividida que antes.

Recuperar la brújula cardenista para el futuro de America Latina exige desterrar definitivamente la ilusión del salvador y abrazar la ardua tarea de la construcción institucional. La verdadera soberanía no se conquista con discursos inflamatorios ni con la sumisión de los poderes del Estado a un solo hombre, sino con el fortalecimiento de un aparato publico capaz, transparente y subordinado a la ley. El legado de Lázaro Cárdenas nos interpela a comprender que la democracia y la justicia social requieren de reglas claras, impersonales y respetadas por todos, incluyendo a quienes detentan el poder. Un Estado fuerte no es aquel que obedece ciegamente a un líder carismático, sino aquel que posee la capacidad técnica y política para planificar el desarrollo, regular los mercados y garantizar los derechos de los ciudadanos sin depender de la buena voluntad de un gobernante de turno. Solo superando la tentación mesiánica y apostando por la solidez de las instituciones, America Latina podrá transitar hacia una verdadera madurez política, dejando atrás los espejismos del caudillismo para forjar un destino común basado en la ley, la equidad y la dignidad inquebrantable de sus pueblos.

62

CAPITULO 24. LA DEBILIDAD GEOPOLITICA DE AMERICA LATINA FRENTE A LOS NUEVOS BLOQUES (EE. UU., CHINA, RUSIA)

La transición hacia un orden mundial multipolar, caracterizado por la declinación relativa de la hegemonía unipolar estadounidense y el ascenso asertivo de potencias revisionistas como China y Rusia, ha expuesto de manera cruda la profunda debilidad geopolítica de América Latina. A diferencia de otras regiones del mundo que han logrado consolidar bloques de integración económica y política que les permiten negociar con las grandes potencias desde una posición de fuerza colectiva, la región latinoamericana permanece fragmentada, desarticulada y sumida en una crónica incapacidad para proyectar un proyecto de destino común. Esta vulnerabilidad estructural no es un fenómeno natural ni una fatalidad geográfica, sino el resultado histórico de la falta de una visión estratégica continental y de la persistente subordinación de sus élites dirigentes a los intereses de los centros de poder global. Mientras Europa, el sudeste asiático y hasta el norte de África han desarrollado mecanismos de cohesión que les otorgan relevancia en el tablero internacional, América Latina sigue siendo tratada por los grandes actores globales no como un interlocutor soberano, sino como un vasto territorio de recursos a ser explotado, un mercado cautivo o un patio trasero donde se dirimen conflictos ajenos a sus intereses nacionales.

La relación con Estados Unidos sigue siendo el eje gravitacional que condiciona, limita y distorsiona la autonomía geopolítica de los países latinoamericanos, a pesar de la retórica ocasional de independencia. Washington ha perfeccionado sus mecanismos de dominación, transitando de la intervención militar directa de las primeras décadas del siglo veinte a un esquema de hegemonía financiera, comercial y de seguridad que asfixia cualquier intento de integración regional autónoma. A través de la imposición de tratados de libre comercio bilaterales y asimétricos, la utilización del sistema financiero internacional como arma coercitiva y la instrumentalización de la lucha contra el narcotráfico y los flujos migratorios, Estados Unidos logra mantener a la región en un estado de dependencia estructural. La tragedia geopolítica radica en que, al no existir un bloque latinoamericano sólido que negocie en conjunto, cada país es obligado a enfrentar unilateralmente el poderío estadounidense, lo que resulta en concesiones humillantes en materia de soberanía, política exterior y control territorial. Esta dinámica impide que la región adopte posturas comunes en foros internacionales, garantizando que América Latina permanezca como un espacio de influencia exclusiva de Washington, incapaz de articular una política exterior propia que defienda sus intereses en el nuevo contexto global.

La irrupción de China en América Latina ha sido celebrada por algunos sectores como una oportunidad para diversificar las dependencias externas y contrarrestar la hegemonía estadounidense, pero un análisis riguroso revela que esta relación se ha convertido en una nueva trampa de subordinación económica. Pekín no ha llegado a la región como un aliado ideológico dispuesto a fomentar el desarrollo industrial endógeno o la transferencia tecnológica, sino como un gigante pragmático que busca asegurar el flujo ininterrumpido de materias primas, alimentos y energía para sostener su propio modelo de crecimiento. La inversión china se ha concentrado masivamente en proyectos extractivistas e infraestructura orientada a la exportación, consolidando un patrón comercial primario-exportador que profundiza la desindustrialización y la vulnerabilidad de las economías latinoamericanas. Además, el endeudamiento masivo con instituciones financieras chinas ha creado una dependencia que, aunque distinta a la del Fondo Monetario Internacional, no deja de ser coercitiva, otorgando a Pekín una influencia política significativa sin exigir contrapartidas en materia de democracia, derechos laborales o soberanía ambiental. Así, el riesgo de cambiar una dependencia histórica por una nueva tutela tecnológica y financiera amenaza con condenar a la región a una condición de semicolonial en la era digital.

En este complejo tablero de ajedrez global, la presencia de Rusia en América Latina responde fundamentalmente a una lógica de disrupción y de proyección de poder simbólico, más que a una visión de desarrollo compartido. Moscú ha utilizado a la región como un escenario para desafiar a Estados Unidos, estableciendo alianzas tácticas con gobiernos anti hegemónicos, vendiendo equipamiento militar y ofreciendo apoyo diplomático en organismos internacionales. Sin embargo, la capacidad económica rusa es insuficiente para ofrecer a América Latina una alternativa real de integración comercial, inversión productiva o desarrollo tecnológico comparable a la que ofrecen Estados Unidos o China. Esta limitación estructural convierte a los vínculos con Rusia en meros instrumentos de retórica geopolítica para los gobiernos latinoamericanos que buscan proyectar una imagen de multipolaridad, pero que en la práctica carecen de sustento material. El peligro de esta dinámica es que América Latina termine siendo utilizada como un peón en los conflictos de gran potencia entre Washington, Moscú y Pekín, asumiendo los costos políticos y diplomáticos de estas tensiones sin obtener ningún beneficio estructural para su propio desarrollo. La falta de una política exterior pragmática y soberana lleva a los países de la región a alinearse con potencias que solo los ven como fichas de intercambio en sus propias disputas imperiales.

Frente a este panorama de extrema vulnerabilidad y fragmentación, el legado del general Lázaro Cárdenas ofrece la única brújula viable para la supervivencia geopolítica de América Latina en el siglo veintiuno: la construcción de una soberanía regional basada en la integración económica y la solidaridad política. El nacionalismo cardenista, que logró consolidar el Estado mexicano frente a las presiones imperiales de su época, debe ser escalado a una dimensión continental para enfrentar los desafíos de la globalización. Esto implica trascender los meros acuerdos diplomáticos y avanzar hacia una verdadera unión aduanera, un sistema financiero regional autónomo, cadenas de valor integradas y una política de defensa común que disuada cualquier intervención externa. Solo una América Latina unida, que controle sus recursos estratégicos de manera coordinada y que hable con una sola voz en el concierto de las naciones, podrá negociar en condiciones de igualdad con los grandes bloques de poder. La sombra del General nos recuerda que la independencia no se logra jugando a las potencias extranjeras unas contra otras, sino construyendo una fortaleza interna inquebrantable; mientras la región no comprenda esta lección y no sacrifique los intereses mezquinos de sus élites en aras de la patria grande, permanecerá condenada a la irrelevancia histórica y a la explotación perpetua.

63

CAPITULO 25. EL FANTASMA DE LA DESIGUALDAD: POR QUE EL CRECIMIENTO ACTUAL NO GENERA COHESION SOCIAL

La paradoja fundamental del modelo económico contemporáneo en America Latina y México reside en la coexistencia de un crecimiento macroeconómico sostenido con una desigualdad social crónica y profundizada. Mientras los indicadores financieros celebran la estabilidad de las bolsas de valores y la atracción de capitales extranjeros, la realidad material de las mayorías refleja un estancamiento salarial, precariedad laboral y una imposibilidad casi absoluta de acceder a los servicios básicos de calidad. Este fenómeno no es un accidente del mercado, sino el resultado directo de una arquitectura económica diseñada para extraer riqueza de las clases trabajadoras y concentrarla en los estratos más altos de la pirámide social. El proyecto cardenista, por el contrario, partía de la premisa inquebrantable de que el crecimiento económico sin distribución de la riqueza es una farsa que solo perpetua la dominación de las elites. Lázaro Cárdenas comprendido que la verdadera grandeza de una nación no se mide por el volumen de su producto interno bruto, sino por la capacidad de su Estado para garantizar que los frutos del desarrollo lleguen a quienes los producen con su trabajo diario.

Los mecanismos estructurales que alimentan este fantasma de la desigualdad en el siglo veintiuno son profundamente distintos a los del pasado, pero sus efectos son igual de devastadores. La financiarizacion de la economía ha permitido que el capital genere rendimientos exponenciales sin necesidad de invertir en la economía real, desvinculando por completo la riqueza de la producción material y el empleo digno.

Paralelamente, la destrucción sistemática de los derechos laborales y la proliferación de la informalidad han debilitado el poder de negociación de los trabajadores, condenando a millones de familias a sobrevivir con ingresos insuficientes. Esta dinámica se ve agravada por un sistema fiscal regresivo que perdona las deudas de los grandes corporativos y traslada la carga tributaria a las clases medias y bajas. La ilusión de la meritocracia, promovida por los discursos hegemónicos, oculta que las reglas del juego están manipuladas desde el origen para garantizar que los privilegios se hereden y la pobreza se reproduzca generación tras generación, anulando cualquier posibilidad real de movilidad social ascendente.

Las consecuencias sociales y políticas de esta desigualdad estructural son catastróficas y representan la mayor amenaza para la supervivencia misma del Estado nación. Cuando una sociedad fractura su tejido comunitario y permite que una minoría acapare la riqueza mientras la mayoría lucha por su subsistencia, el contrato social se rompe irremediablemente. La pérdida de confianza en las instituciones, el auge de la violencia, la polarización política y el surgimiento de movimientos antisistema no son anomalías, sino síntomas lógicos de un sistema que ha abandonado a su pueblo. El cardenismo logro construir una cohesión social extraordinaria precisamente porque ataco las raíces de la desigualdad mediante la reforma agraria, el fortalecimiento sindical y la educación publica masiva. Al dotar a los desposeídos de tierra, derechos y conocimiento, el Estado no solo mejoro sus condiciones materiales, sino que los integro como ciudadanos plenos con un sentido de pertenencia y lealtad hacia la nación. Hoy, esa lealtad se ha evaporado porque el Estado ha dejado de ser el escudo de los desprotegidos para convertirse en el administrador de los privilegios de unos cuantos.

El fracaso de las políticas publicas contemporáneas para revertir esta tendencia radica en su enfoque asistencialista y superficial, que confunde el alivio temporal de la pobreza con su erradicación estructural. Los programas de transferencias monetarias condicionadas, si bien han logrado mitigar la miseria extrema en ciertos contextos, no alteran la distribución del ingreso ni modifican las relaciones de poder que generan la exclusión. Por el contrario, suelen utilizarse como herramientas de control político y clientelismo, manteniendo a los beneficiarios en un estado de dependencia que anula su autonomía y capacidad de organización. El verdadero desafío no es administrar la pobreza con eficiencia burocrática, sino democratizar la propiedad, el capital y el acceso a los recursos estratégicos. Se requiere una reforma fiscal progresiva que grave realmente las grandes fortunas y las rentas especulativas, junto con una política industrial que genere empleos de calidad y un sistema de seguridad social universal que des mercantilice la salud, la educación y la vivienda. Solo atacando los núcleos duros de la concentración de la riqueza se puede aspirar a una sociedad verdaderamente justa.

Recuperar la brújula cardenista para enfrentar el fantasma de la desigualdad en el futuro exige una redefinición radical del concepto de desarrollo y el rol del Estado en la economía. No basta con volver a los modelos del siglo veinte; es necesario adaptar la visión de Cárdenas a las complejidades de la economía digital, la globalización financiera y la crisis ecológica. Esto implica que el Estado debe asumir nuevamente su función de arbitro supremo, no solo entre el capital y el trabajo, sino entre la lógica depredadora del mercado y los limites biofísicos del planeta. La cohesión social del siglo veintiuno solo será posible si se garantiza que la transición tecnológica y energética beneficie a las mayorías y no a los monopolios digitales. El legado de Lázaro Cárdenas nos ensena que la igualdad no es una utopía inalcanzable, sino una condición indispensable para la paz y la libertad. Mientras la desigualdad siga siendo la norma, la democracia será una ficción y la soberanía una ilusión. Solo un Estado comprometido con la justicia distributiva podrá disipar este fantasma y forjar una nación donde el bienestar colectivo sea el verdadero motor de la historia.

64

PARTE V: LA BRUJULA DE CARDENAS PARA EL FUTURO CAPITULO 26. SOBERANIA EN LA ERA DIGITAL: LA PROTECCION DE DATOS Y LA INDEPENDENCIA TECNOLOGICA

La concepción de la soberanía nacional en el siglo veintiuno exige una actualización urgente de sus fronteras, transitando de la defensa exclusiva de los recursos físicos del subsuelo a la protección intransigente de los activos inmateriales que sostienen la economía y la cognición moderna. Si en mil novecientos treinta y ocho la expropiación petrolera represento la decisión geopolítica más audaz para evitar que el capital extranjero controlara la sangre energética de la nación, hoy la nueva frontera de la dependencia se encuentra en los flujos de datos, la infraestructura de comunicaciones y la inteligencia artificial. Las grandes corporaciones tecnológicas globales han logrado consolidar un modelo de extractivismo digital que opera con la misma impunidad y arrogancia que las compañías petroleras de principios del siglo pasado. Estas entidades no solo extraen y monetizan la información más íntima de los ciudadanos sin una retribución justa para la sociedad, sino que imponen sus propias reglas jurisdiccionales, eludiendo la fiscalización estatal y condicionando la soberanía política de los países. El Estado moderno, para ser fiel al espíritu cardenista, debe comprender que la neutralidad de la red, la protección de la privacidad y la independencia algorítmica son los nuevos pilares de la independencia nacional, sin los cuales cualquier declaración de autonomía es una mera ficción retorica.

El análisis profundo de la actual dependencia tecnológica revela una asimetría estructural que condena a America Latina a una condición de colonia digital, donde se consumen los productos de la inteligencia artificial y las plataformas de datos, pero no se participa en la generación de su valor ni en la definición de sus éticas. Mientras las potencias hegemónicas y los bloques emergentes disputan la supremacía en el desarrollo de semiconductores, redes de sexta generación y modelos de lenguaje, la región permanece como un mero mercado cautivo y un laboratorio de extracción de datos conductuales. Esta subordinación no es un fenómeno natural del mercado, sino el resultado de décadas de desmantelamiento de la capacidad científica y tecnológica del Estado, impulsado por la falacia neoliberal de que la tecnología debía ser provista exclusivamente por la iniciativa privada global. La ilusión de los servicios digitales gratuitos ha enmascarado el verdadero costo de esta relación: la enajenación de la soberanía cognitiva y la entrega de la memoria colectiva, las preferencias políticas y los patrones económicos de la nación a servidores ubicados en jurisdicciones extranjeras. Recuperar la rectoría económica exige, por tanto, reconocer a los datos y a la infraestructura digital como recursos estratégicos de la nación, sujetos a la misma lógica de protección y beneficio colectivo que los hidrocarburos o los minerales.

La aplicación practica de la filosofía cardenista en el ámbito digital requiere la construcción de una arquitectura de soberanía tecnológica que combine la inversión publica masiva en infraestructura con la promoción de ecosistemas de código abierto y estándares éticos nacionales. Al igual que Lázaro Cárdenas no se limitó a expropiar el petróleo sino que fundo Petróleos Mexicanos para garantizar la operación técnica y el desarrollo endógeno de la industria, el Estado contemporáneo debe liderar la creación de plataformas públicas de datos, nubes soberanas y redes de comunicación resilientes que salvaguarden la información critica de la administración pública y la ciudadanía. Esto implica romper el oligopolio de las grandes tecnologías mediante la implementación de políticas de competencia agresivas, el gravamen progresivo a la extracción de datos y la exigencia ineludible de transferencia tecnológica para cualquier corporación que opere en el territorio nacional. La soberanía digital no significa aislarse del ecosistema global, sino integrarse desde una posición de fuerza, asegurando que el país cuente con las capacidades técnicas para auditar, regular y, en caso de ser necesario, suspender las operaciones de actores extranjeros que amenacen la seguridad nacional o los derechos fundamentales de la población.

La dimensión geopolítica de la soberanía digital es crítica en un contexto de guerra tecnológica entre Estados Unidos y China, donde America Latina corre el riesgo de ser fragmentada en esferas de influencia digital incompatibles. La adopción acrítica de infraestructuras de telecomunicaciones, sistemas de vigilancia o modelos de inteligencia artificial provenientes de cualquiera de estos bloques sin una evaluación estratégica nacional convierte al país en un vulnerable peón de terceros. El cardenismo nos ensena que la política exterior y la seguridad nacional son indivisibles; por tanto, la política digital debe estar subordinada a un proyecto de integración latinoamericana que busque desarrollar estándares regionales, bancos de datos compartidos y una industria de semiconductores y software propia. Solo mediante un pacto tecnológico regional que agrupe los recursos intelectuales y financieros de la región se podrá evitar la balcanización digital y se podrá negociar con las potencias globales desde la paridad. La defensa de la soberanía en la era digital exige una diplomacia científica activa que posicione a la región no como un consumidor pasivo de innovación, sino como un actor capaz de proponer marcos éticos y regulatorios que humanicen la tecnología frente a la lógica depredadora del capital transnacional.

La recuperación de la soberanía digital es, en esencia, la expropiación tecnológica del siglo veintiuno, un acto de justicia cognitiva que devuelve al pueblo el control sobre las herramientas que definen su realidad y su futuro. Este proceso no puede ser liderado por una burocracia tecnócrata ajena a las necesidades sociales, sino que requiere un nuevo pacto digital donde la educación técnica, la ciencia abierta y la participación ciudadana en el gobierno de los algoritmos sean los ejes rectores. El Estado debe asumir su rol de arbitro supremo no solo para regular a los monopolios digitales, sino para garantizar que la inteligencia artificial y la automatización sirvan para reducir las jornadas laborales, eliminar las desigualdades y potenciar las capacidades humanas, en lugar de precarizar el trabajo y concentrar aún más la riqueza. El legado de Lázaro Cárdenas nos interpela con una claridad meridiana: la independencia de una nación se pierde primero en la mente y en los datos de sus ciudadanos antes de perderse en su territorio físico. Defender la soberanía digital es la condición indispensable para que México y America Latina no sean meros espectadores de la cuarta revolución industrial, sino arquitectos conscientes de su propio destino en la era de la información.

65

CAPITULO 27. UN NUEVO PACTO LABORAL: ADAPTANDO LA PROTECCION CARDENISTA AL TRABAJO MODERNO

La transición del modelo industrial fordista a la economía de plataformas y los trabajos temporales digitalizados representa uno de los desafíos más formidables para la justicia social en el siglo veintiuno, exigiendo una relectura urgente y profunda de la filosofía laboral cardenista. Lázaro Cárdenas comprendido que la dignidad del trabajador no depende de la forma técnica en que se organice la producción, sino de la voluntad política inquebrantable del Estado para subordinar el capital al bienestar colectivo. En mil novecientos treinta y ocho, el Estado asumo el rol de arbitro supremo para proteger a la clase obrera de la explotación desmedida, estableciendo derechos inalienables que transformaron la fuerza de trabajo de una mercancía desechable en un sujeto pleno de derechos. Hoy, la llamada gag economía ha intentado evadir esta conquista histórica mediante la ficción jurídica del autoempleo y la emprendería digital, ocultando una relación de subordinación laboral tan intensa y asimétrica como la de los inicios del capitalismo industrial. Adaptar el espíritu cardenista a esta nueva realidad no implica un retorno nostálgico a las fábricas del siglo pasado, sino la aplicación rigurosa de su principio rector: ningún avance tecnológico o modelo de negocio puede legitimarse si se sustenta en la precarización, la desprotección y el despojo de los derechos fundamentales de quienes generan la riqueza material e inmaterial de la nación.

El análisis profundo de la economía de plataformas revela una regresión civilizatoria que nos retrotrae a las condiciones laborales del porfiriato, donde la ausencia de regulación estatal permitía que el capital extractara plusvalía sin asumir ningún costo social ni responsabilidad humana. Las aplicaciones digitales y los algoritmos de gestión han perfeccionado el control panóptico del trabajador, sustituyendo al capataz tradicional por un código informático que dicta ritmos, evalúa desempeños y aplica sanciones sin derecho a réplica ni supervisión humana. Esta desmaterialización de la autoridad patronal no elimina la explotación, sino que la atomiza, aislando a millones de repartidores, conductores y proveedores de servicios en una soledad laboral que impide la solidaridad de clase y la negociación colectiva. La promesa neoliberal de la flexibilidad y el emprendimiento individual se ha convertido en la cortina de humo ideal para transferir los riesgos operativos, los costos de mantenimiento y la inseguridad económica directamente sobre los hombros del trabajador. El Estado contemporáneo, al permitir esta anomalía jurídica, ha traicionado su función constitucional de garantizar el trabajo digno, permitiendo que las corporaciones tecnológicas globales operen como enclaves extractivos de fuerza de trabajo barata, evadiendo su responsabilidad fiscal y social en el territorio nacional.

La construcción de un nuevo pacto laboral para la era digital exige la creación de un marco de protección social que trascienda la dicotomía obsoleta entre empleado asalariado y trabajador independiente, reconociendo la realidad empírica de la subordinación algorítmica. Inspirado en la audacia de la expropiación petrolera, el Estado debe imponer a las plataformas digitales la presunción de laboralidad, obligándolas a cotizar al sistema de seguridad social, garantizar un ingreso mínimo vital y asumir los riesgos de accidentes y enfermedades profesionales. Mas allá de la protección económica, el nuevo pacto cardenista debe incluir derechos cognitivos y digitales, como la transparencia algorítmica, el derecho a la desconexión y la prohibición de la vigilancia biométrica intrusiva. La soberanía laboral en el siglo veintiuno significa que los trabajadores tienen derecho a conocer, auditar y negociar las reglas del código que gobierna su jornada y sus ingresos. El Estado no puede permanecer neutral ante la ingeniería conductual aplicada para maximizar la extracción de esfuerzo humano; debe intervenir con el mismo rigor con el que Cárdenas regulo las relaciones capital-trabajo, asegurando que la inteligencia artificial sirva para optimizar el bienestar y no para perfeccionar los mecanismos de explotación y control.

Para que esta protección no sea letra muerta, es imperativo fomentar nuevas formas de organización y representación colectiva que se adapten a la naturaleza descentralizada y móvil del trabajo moderno. El corporativismo tradicional, cooptado por el Estado y alejado de las bases, es incapaz de responder a los desafíos de una fuerza laboral fragmentada geográficamente y conectada solo a través de pantallas. El nuevo sindicalismo digital debe emerger como un movimiento democrático, horizontal y tecnológicamente alfabetizado, capaz de negociar convenios colectivos sectoriales que establezcan pisos de dignidad para todas las plataformas operantes en el país. El Estado cardenista debe actuar como el garante inquebrantable de esta nueva organización, protegiendo el derecho de asociación digital frente a los bloqueos arbitrarios y las represalias algorítmicas de las corporaciones. La rectoría económica en el ámbito laboral implica que el gobierno no solo legisla, sino que construye las instituciones y los canales de dialogo donde el capital tecnológico se vea obligado a ceder ante la fuerza organizada de los trabajadores. Sin una representación genuina y un Estado dispuesto a usar su poder coercitivo para hacer cumplir la ley, cualquier reforma laboral será saboteada por la astucia jurídica de los monopolios digitales.

El legado de Lázaro Cárdenas nos ensena que la libertad política es una quimera cuando la independencia económica de las mayorías es secuestrada por los monopolios, sean estos petroleros o tecnológicos. Rescatar la protección cardenista en la economía de plataformas no es una concesión asistencialista, sino la condición indispensable para mantener la cohesión social y evitar que la desigualdad alcance niveles insostenibles que amenacen la estabilidad de la nación. Un país que permite que sus ciudadanos sean tratados como microempresas desechables, sin red de seguridad ni derechos colectivos, renuncia a su soberanía y se convierte en un simple mercado de consumo para las potencias extranjeras. El nuevo pacto laboral debe ser la piedra angular de un Estado de bienestar renovado, capaz de integrar las nuevas realidades productivas sin perder de vista su fin último: la justicia social. La sombra del General nos recuerda que el trabajo es la fuente inagotable de la riqueza nacional y que el Estado existe, fundamentalmente, para proteger a quienes lo realizan. Solo mediante un compromiso inquebrantable con la dignidad del trabajador digital, México podrá enfrentar los desafíos del futuro sin traicionar la memoria de quienes lucharon para que el trabajo fuera un motivo de orgullo y no de esclavitud.

66

CAPITULO 28. TRANSICION ENERGETICA SOBERANA: EL LITIO, LAS ENERGIAS LIMPIAS Y EL CONTROL NACIONAL

La transición energética global representa el desafío geopolítico y económico más trascendental del siglo veintiuno, exigiendo una redefinición urgente de los conceptos de soberanía y rectoría estatal que Lázaro Cárdenas grabo con fuego en la historia de México. Mientras el mundo abandona los combustibles fósiles para abrazar las energías limpias y los minerales críticos, el modelo neoliberal intenta imponer una narrativa que reduce esta transformación histórica a una mera oportunidad de negocios para las corporaciones transnacionales. Esta visión mercantilista busca despojar al Estado de su papel estratégico, entregando la infraestructura eléctrica y los recursos del subsuelo a capitales privados que operan bajo la lógica exclusiva de la rentabilidad a corto plazo. El análisis profundo de este fenómeno revela que la llamada revolución verde, si no está subordinada a un proyecto nacional de desarrollo, corre el riesgo de reproducir las mismas asimetrías y dependencias que caracterizaron al extractivismo petrolero. Un Estado que renuncia a planificar su matriz energética y a controlar sus recursos estratégicos no está transaccionando hacia el futuro, sino que esta simplemente cambiando de patrón de dependencia, entregando las llaves de su desarrollo industrial a las mismas potencias extranjeras que durante siglos han saqueado la riqueza de la región.

El litio, catalogado como el petróleo del siglo veintiuno, se ha convertido en el epicentro de una nueva fiebre geopolítica que amenaza con convertir a America Latina en una simple cantera a cielo abierto para las potencias industrializadas del norte. La nacionalización simbólica de este mineral, si no va acompañada de una estrategia industrial robusta y una inversión masiva en investigación y desarrollo tecnológico, se reduce a un gesto retorico que no altera la condición periférica de la nación. El verdadero nacionalismo económico cardenista no se conforma con la declaratoria de propiedad de la nación sobre el subsuelo, sino que exige la capacidad técnica y financiera para extraer, procesar y manufacturar estos recursos dentro del territorio nacional. Permitir que empresas extranjeras extraigan el litio para fabricar baterías en otros continentes, mientras México importa los vehículos eléctricos y los dispositivos tecnológicos a precios exorbitantes, es la máxima expresión de la subordinación colonial. El Estado debe asumir el riesgo histórico de construir una cadena de valor integral del litio, desde la exploración científica hasta la manufactura de celdas de almacenamiento, garantizando que la riqueza de este mineral critico se traduzca en empleos de alta calidad, transferencia tecnológica y soberanía industrial para las generaciones presentes y futuras.

En el ámbito de la generación y distribución de energía eléctrica, la ofensiva neoliberal ha intentado desmantelar el sistema eléctrico nacional bajo el pretexto falaz de que la iniciativa privada es más eficiente y ecológica que el Estado. Esta lógica perversa ha promovido la proliferación de generadores privados de energías limpias, muchas de ellas filiales de corporaciones extranjeras, que exigen al Estado la obligación de comprar su energía y mantener la infraestructura de transmisión, mientras se lucran con las garantías de la nación. La visión cardenista nos ensena que la energía eléctrica no es una mercancía sujeta a las fluctuaciones del mercado, sino un derecho social fundamental y el insumo vital para la soberanía productiva. Fortalecer a la Comisión Federal de Electricidad no es un acto de obsolescencia estatista, sino una necesidad estratégica para garantizar el suministro a precios justos, integrar las fuentes renovables de manera planificada y evitar que la transición energética se convierta en un nuevo mecanismo de extractivismo de rentas. La modernización de la red eléctrica, la inversión en energías solar, eólica e hidroeléctrica bajo control público, y la democratización del acceso a la energía son los pilares de un verdadero proyecto de transición soberana que priorice el bienestar colectivo sobre los dividendos de los accionistas privados.

La geopolítica de la transición energética ha reconfigurado el tablero mundial, donde el control de los minerales críticos y las tecnologías limpias define la jerarquía de las potencias en el nuevo orden multipolar. Estados Unidos, China y la Unión Europea despliegan estrategias agresivas para asegurar sus cadenas de suministro, utilizando su poder financiero y militar para imponer acuerdos que perpetúan la subordinación de los países productores de materias primas. En este contexto de guerra tecnológica y comercial, la debilidad institucional de México y su falta de una política exterior soberana lo exponen a ser un simple objeto de disputa, incapaz de negociar desde una posición de fuerza. El legado del general Cárdenas nos interpela a comprender que la independencia energética es inseparable de la independencia tecnológica; no basta con tener los recursos en el subsuelo si no se posee la capacidad cognitiva e industrial para transformarlos. Es imperativo que el Estado mexicano impulse un pacto científico y tecnológico nacional, aliado con las universidades y los centros de investigación, para desarrollar patentes propias en almacenamiento energético, redes inteligentes y movilidad eléctrica, rompiendo así el cerco de la dependencia tecnológica que nos condena a la periferia del capitalismo global.

Recuperar la brújula cardenista para la transición energética implica trascender la falsa dicotomía entre el mercado y el Estado, reconociendo que solo un Estado fuerte, planificador y comprometido con su pueblo puede liderar un proceso de esta magnitud sin sacrificar la justicia social. La transición hacia las energías limpias no debe ser una carga impuesta a las clases trabajadoras mediante el encarecimiento de los servicios, sino una oportunidad histórica para reindustrializar el país, descentralizar el desarrollo regional y financiar un nuevo pacto de bienestar. Al igual que la expropiación petrolera de mil novecientos treinta y ocho envió un mensaje inequívoco de dignidad al mundo, la consolidación de una transición energética soberana en el siglo veintiuno demostrara que México es capaz de adaptarse a los desafíos globales sin renunciar a su esencia nacional. La sombra del General nos recuerda que los recursos de la nación son el patrimonio inalienable del pueblo, y que su explotación debe estar orientada exclusivamente a la emancipación económica y la prosperidad colectiva. Solo mediante el control nacional del litio y las energías limpias, México podrá asegurar que el futuro no sea escrito por los intereses de las corporaciones transnacionales, sino por la voluntad soberana de una nación que se niega a ser subyugada.

CAPITULO 29. RECUPERAR EL TERRITORIO: EL ESTADO DE BIENESTAR COMO UNICA RESPUESTA A LA VIOLENCIA

La concepción del territorio nacional en el México contemporáneo ha sido reducida a una mera extensión geográfica sujeta a la lógica depredadora del mercado y a la disputa violenta de los poderes facticos, perdiendo su dimensión ontológica como el espacio material donde se cristaliza el pacto social. La crisis de seguridad que desgarra a la nación no es un simple fallo operativo de las fuerzas del orden ni una anomalía transitoria, sino la manifestación más letal y evidente del abandono estatal de sus funciones rectoras. Durante el proyecto cardenista, la ocupación del territorio no se limitó a la presencia coercitiva del ejército, sino que se fundamentó en el despliegue masivo de instituciones de justicia, salud, educación y fomento productivo que integraron a las regiones marginadas al proyecto de nación. Lázaro Cárdenas comprendido con claridad meridiana que la paz social no se decreta ni se impone exclusivamente por la fuerza de las armas, sino que se construye mediante la presencia ininterrumpida del Estado de Bienestar, el cual actúa como el escudo inquebrantable de los desprotegidos y el antídoto más eficaz contra la descomposición del tejido comunitario.

El vacío institucional provocado por décadas de políticas neoliberales ha permitido que el crimen organizado y los monopolios privados operen como poderes paralelos, dictando las reglas de convivencia y sometiendo a la población a regímenes de terror y explotación. La estrategia contemporánea de combatir la violencia mediante la militarización de la seguridad pública, sin abordar las causas estructurales de la marginación, ha demostrado ser un fracaso catastrófico que solo ha exacerbado la espiral de sangre y desplazamiento forzado. La ilusión de que la coerción estatal puede sustituir la ausencia de justicia social es una falacia que ignora la naturaleza misma del conflicto. Las organizaciones criminales no prosperan en el vacío, sino que se alimentan de la desesperanza, la falta de oportunidades y la orfandad institucional en la que viven millones de jóvenes y comunidades enteras. Mientras el Estado se limita a gestionar la miseria y a reprimir sus síntomas más visibles, renuncia a su obligación primordial de garantizar las condiciones materiales y espirituales para que la dignidad humana florezca en cada rincón de la geografía nacional.

La recuperación efectiva del territorio exige un giro copernicano en la estrategia de seguridad, reconociendo que el Estado de Bienestar no es un complemento de la política publica, sino la única respuesta estructural y definitiva a la violencia endémica. La verdadera seguridad humana se define por la certeza de tener acceso a la salud, a la educación de calidad, a un empleo digno y a un entorno ecológicamente sano. Cuando el Estado asume su rol de planificador y garante de estos derechos, desactiva automáticamente los mecanismos de reclutamiento y cooptación que utilizan las redes criminales. El modelo cardenista demostró que la integración del campesinado y la clase obrera a través de la dotación de tierras, el crédito y la organización sindical, neutralizo los focos de insurrección y construyo una base de legitimidad popular que sostuvo al Estado durante décadas. Trasladar esta lógica al siglo veintiuno implica que cada escuela construida, cada hospital equipado y cada proyecto productivo impulsado en las zonas olvidadas es un acto de soberanía y una trinchera de paz mucho más efectiva que cualquier despliegue táctico de fuerzas armadas.

La reconstrucción del tejido institucional en las zonas de alta marginalidad requiere una política de justicia territorial que rompa con la histórica desigualdad entre el centro y la periferia, entre lo urbano y lo rural. Esto demanda una inversión publica masiva, planificada y sostenida en infraestructura básica, conectividad digital y desarrollo de capacidades productivas locales, alejándose de los programas asistencialistas que mantienen a las comunidades en la dependencia. El Estado debe regresar a los territorios olvidados no como un ente extractivista que solo llega para explotar sus recursos naturales, sino como un promotor integral del bienestar que respeta y potencia las vocaciones regionales y los saberes comunitarios. La presencia del Estado en estas regiones debe ser tangible, cotidiana y resolutiva, restableciendo la confianza de la ciudadanía en las instituciones democráticas y demostrando que la ley no es un instrumento de castigo, sino la garantía de sus derechos fundamentales. Solo cuando el ciudadano perciba que el Estado es su aliado y protector, la cooperación social para desarticular las redes de impunidad se volverá una realidad ineludible.

El legado de Lázaro Cárdenas nos interpela con una verdad incontestable: la paz no es la mera ausencia de conflicto armado, sino la presencia activa de la justicia y la equidad. Recuperar el territorio nacional en la compleja coyuntura del siglo veintiuno exige abandonar la miopía de las soluciones puramente represivas y abrazar la audacia de un nuevo proyecto nacional que coloque el bienestar colectivo en el centro de la estrategia geopolítica y de seguridad. La sombra del General nos recuerda que la grandeza de una nación se mide por la capacidad de su Estado para llegar a los últimos confines de su geografía con la mano extendida de la solidaridad y la fuerza de la ley justa. Mientras no se reconstruya el Estado de Bienestar como el pilar fundamental de la convivencia, México seguirá siendo un país fracturado, incapaz de ejercer su soberanía plena. La historia nos exige el coraje de refundar las instituciones desde las raíces, demostrando que la única victoria duradera contra la barbarie es la construcción incesante de una sociedad donde la dignidad de cada individuo sea el cimiento indestructible de la patria.

CAPITULO 30. CONCLUSION: EL LEGADO DE LAZARO CARDENAS COMO MANUAL DE SUPERVIVENCIA INSTITUCIONAL

El legado de Lázaro Cárdenas del Rio trasciende la crónica histórica para erigirse como un manual ineludible de supervivencia institucional frente a las amenazas existenciales que acechan a la nación mexicana en el siglo veintiuno. Abordar su figura no es un ejercicio de nostalgia romántica ni una evasión ante las complejidades de la era digital y la globalización financiera, sino la recuperación de una metodología política probada que demuestra que el Estado, cuando es concebido como el árbitro supremo y el escudo de los desprotegidos, es la única barrera efectiva contra la depredación del capital transnacional y la oligarquía local. La crisis contemporánea, caracterizada por la fractura del tejido social, la subordinación geopolítica y la mercantilización de la vida, encuentra su antítesis en la arquitectura cardenista, la cual nos ensena que la soberanía no es un estado estático conquistado en el pasado, sino una práctica diaria que exige la rectoría económica, la justicia distributiva y la independencia cognitiva. Este manual de supervivencia nos obliga a reconocer que la democracia formal es un cascaron vacío si no está sostenida por la independencia material de las mayorías, y que cualquier proyecto de transformación que no se atreva a desmantelar los núcleos de poder que oprimen al pueblo está condenado a la irrelevancia o a la traición.

La aplicación de este legado en el presente exige una redefinición radical de los conceptos de soberanía y territorio, expandiendo sus fronteras hacia los activos inmateriales y las nuevas matrices productivas. Así como el dieciocho de marzo defendió la sangre energética de la nación frente al imperialismo petrolero, la soberanía del siglo veintiuno demanda la protección intransigente de los datos, la independencia tecnológica y el control nacional de los minerales críticos que impulsan la transición energética. El manual cardenista nos advierte que la entrega de estos recursos estratégicos bajo la ilusión de la eficiencia privada no es más que una nueva forma de colonización, donde el Estado se reduce a un simple administrador de la miseria y garante de la rentabilidad extranjera. Recuperar la brújula del General implica tener el coraje político para imponer el interés colectivo sobre los dogmas del mercado, nacionalizando no solo los recursos físicos, sino también las capacidades cognitivas y tecnológicas que permiten a una nación dictar su propio destino. Esta audacia refundacional es la única respuesta viable frente a un sistema mundo que busca convertir a America Latina en una periferia extractiva, despojada de su capacidad para innovar, producir y distribuir la riqueza de manera equitativa.

En el ámbito de la organización social y la arquitectura del poder, el texto nos interpela a superar las falsas dicotomías entre el autoritarismo corporativo y la anomia neoliberal, proponiendo un nuevo pacto social basado en la democracia sustantiva y la participación real de las clases trabajadoras. La degeneración del sindicalismo y el abandono del campo no fueron accidentes históricos, sino el resultado de la captura del Estado por parte de las elites que traicionaron el mandato revolucionario. El manual de supervivencia institucional de Cárdenas nos ensena que la paz social no se logra mediante la represión militar ni la sumisión burocrática, sino a través de la construcción de instituciones sólidas que garanticen el trabajo digno, la seguridad alimentaria y el acceso universal a la salud y la educación. Fortalecer el Estado de Bienestar es la única estrategia coherente para recuperar el territorio nacional arrebatado por el crimen organizado y los monopolios privados, demostrando que la presencia ininterrumpida de la justicia social es el antídoto más poderoso contra la barbarie. La verdadera institucionalidad no se mide por la obediencia ciega a un líder mesiánico ni por la frialdad de los indicadores macroeconómicos, sino por la capacidad del Estado para proteger la vida y la dignidad de sus ciudadanos en cada rincón de la geografía nacional.

La proyección geopolítica de este legado es fundamental para comprender el papel que México y America Latina deben asumir en el nuevo orden multipolar emergente. La debilidad estructural de la región, fruto de décadas de sumisión a los dictados de Washington y de la ilusión del falso progresismo, nos ha colocado en una posición de extrema vulnerabilidad frente a los grandes bloques de poder global. El cardenismo nos recuerda que la independencia política es inseparable de la solidaridad regional y que la verdadera diplomacia no se ejerce mediante la complacencia, sino a través de la defensa intransigente del derecho internacional y la autodeterminación de los pueblos. Construir una soberanía regional que integre las cadenas de valor, los recursos estratégicos y las capacidades científicas de America Latina es el único camino para dejar de ser el patio trasero de los imperios y convertirnos en un actor geopolítico con agenda propia. Este manual de supervivencia nos exige trascender el nacionalismo estrecho y abrazar un internacionalismo de principios que permita a la región negociar desde la fuerza de la unidad y la dignidad, rechazando cualquier forma de tutela externa que pretenda condicionar nuestro desarrollo.

Finalmente, la sombra del General no es un peso muerto que nos ancla al pasado, sino el refugio intelectual y moral desde el cual es posible imaginar y forjar un futuro soberano. El legado de Lázaro Cárdenas nos demuestra que la historia no es un cementerio de buenas intenciones, sino un arsenal de herramientas para la emancipación, y que la grandeza de una nación se mide por su capacidad para resistir la adversidad sin claudicar ante los poderes facticos. Este libro ha buscado desnudar las deformidades del México contemporáneo y contrastarlas con la altura de miras del proyecto cardenista, no para regodearse en la crítica, sino para extraer las lecciones necesarias que nos permitan refundar el Estado. La responsabilidad de las generaciones presentes es ejecutar este manual de supervivencia institucional, adaptando sus principios a las complejidades de la era digital y la crisis ecológica, pero manteniendo intacto el espíritu de dignidad y justicia que definió a una de las épocas más gloriosas de nuestra historia. Que la memoria de quienes lucharon por un Estado escudo de los desprotegidos sea la fuerza motriz que nos impulse a construir un México verdaderamente libre, justo y soberano, demostrando que la luz de la revolución sigue intacta esperando ser encendida nuevamente.

68

BIOGRAFIA

Brayan Atahualpa Campos Castillo, reconocido en el ámbito intelectual y literario bajo la marca de autor Atahualpa Campos, es un escritor, investigador, administrador y doctor ante en Ciencias de la Educación cuya trayectoria se distingue por un rigor analítico inquebrantable y un compromiso profundo con la comprensión de las estructuras que rigen la sociedad contemporánea. Su formación académica y su experiencia práctica le han permitido desarrollar una visión multidisciplinaria que entrelaza la historia, la ciencia política, la economía y la pedagogía, abordando los fenómenos sociales no como eventos aislados, sino como el resultado de procesos históricos complejos y de correlaciones de fuerza concretas. A lo largo de su carrera, ha demostrado una capacidad excepcional para decodificar las narrativas hegemónicas y proponer lecturas críticas que recuperan la memoria histórica como una herramienta fundamental para la emancipación social. Su trabajo no se limita a la observación pasiva de la realidad, sino que se inserta activamente en el debate público, ofreciendo perspectivas que desafían el pensamiento único y reivindican la necesidad de un Estado fuerte, justo y soberano. Esta biografía intelectual refleja el perfil de un pensador que asume la escritura como un acto de responsabilidad cívica y un instrumento para la transformación estructural de su entorno.

En el ámbito de la investigación académica, su enfoque se ha centrado en el análisis de las políticas públicas, la filosofía educativa y las dinámicas de poder que han configurado el desarrollo de America Latina, con un énfasis particular en la experiencia mexicana. Su labor como doctor ante en Ciencias de la Educación se fundamenta en la convicción de que el sistema educativo no puede ser entendido fuera de su contexto político y económico, y que la verdadera transformación social exige una pedagogía que forme ciudadanos críticos, conscientes de su historia y comprometidos con la defensa de su soberanía. Sus investigaciones exploran las tensiones entre los modelos educativos impuestos por los organismos internacionales y las necesidades reales de las comunidades locales, destacando la urgencia de recuperar la rectoría del Estado en materia de formación de capital humano. A través de sus artículos, ensayos y participaciones en foros académicos, ha construido un cuerpo de obra que cuestiona la mercantilización de la educación y propone alternativas basadas en la equidad, la inclusión y la justicia social. Su rigor metodológico y su honestidad intelectual lo han posicionado como una voz relevante en los círculos académicos, capaz de tender puentes entre la teoría crítica y la práctica educativa transformadora.

Como escritor y analista político, Atahualpa Campos ha cultivado un estilo literario que combina la formalidad académica con una prosa directa, empática y desprovista de superficialidades. Su obra se caracteriza por una estructura lógica impecable, donde cada argumento esta sostenido por una investigación exhaustiva y un razonamiento deductivo sólido. En textos como la presente obra, demuestra su habilidad para articular narrativas históricas complejas, contrastando el proyecto de construcción nacional del general Lázaro Cárdenas con las desastrosas consecuencias del modelo neoliberal. Su pluma no busca complacer a las elites intelectuales ni adherirse a las modas académicas transitorias, sino que se propone desnudar las verdades incomodas del poder y ofrecer un espejo critico donde la sociedad pueda reconocerse y reflexionar sobre su destino colectivo. Esta claridad expositiva, unida a su profundidad analítica, le permite llegar a diversos públicos sin sacrificar el rigor técnico, logrando que conceptos complejos de economía política y geopolítica sean accesibles y movilizadores. Su literatura es, en esencia, un ejercicio de desalienación que invita al lector a recuperar su agencia política frente a la resignación impuesta por el sistema.

Su experiencia como administrador aporta una dimensión pragmática y estratégica a su perfil intelectual, diferenciándolo de aquellos teóricos que operan exclusivamente desde la abstracción académica. Esta faceta le ha proporcionado un conocimiento íntimo de los engranajes burocráticos, los procesos de toma de decisiones y las limitaciones operativas que enfrentan las instituciones públicas en la implementación de políticas de bienestar. Comprende que las grandes transformaciones sociales no solo requieren de visiones utópicas o discursos inspiradores, sino de una arquitectura institucional viable, eficiente y blindada contra la corrupción y los intereses facciosos. Esta dualidad entre el pensador crítico y el gestor practico le permite evaluar los proyectos políticos con un realismo que pocos poseen, identificando con precisión los puntos de fricción donde las buenas intenciones suelen naufragar ante la realidad administrativa. Su capacidad para diseñar estrategias, gestionar recursos y liderar equipos se refleja en la solidez de sus propuestas, las cuales no solo diagnostican los problemas estructurales, sino que ofrecen hojas de ruta concretas y aplicables para la reconstrucción del tejido institucional.

El legado intelectual de Atahualpa Campos se consolida como un faro de resistencia en una época marcada por la desmemoria, la fragmentación social y la subordinación geopolítica. Su dedicación incesante al estudio de las ciencias de la educación y la política publica lo inserta en la mejor tradición del pensamiento crítico latinoamericano, aquella que entiende que la independencia no se logra únicamente en el campo de batalla, sino en las aulas, en las instituciones y en la conciencia colectiva. A través de su obra, rinde homenaje a la memoria de quienes sacrificaron su bienestar por la construcción de una nación más justa, y asume el compromiso de legar a las nuevas generaciones las herramientas intelectuales necesarias para no repetir los errores del pasado. Su perfil como escritor, investigador y administrador converge en un único propósito: demostrar que otro modelo de sociedad es posible si se tiene el coraje de recuperar la soberanía y la ética como ejes innegociables de la acción pública. La trayectoria de Brayan Atahualpa Campos Castillo es, en definitiva, el testimonio de que la inteligencia al servicio de la patria sigue siendo la fuerza más poderosa para forjar el futuro.

BIBLIOGRAFIA

La construcción analítica de esta obra se sustenta en un corpus bibliográfico robusto y multidisciplinario que abarca desde archivos históricos fundamentales hasta tratados contemporáneos de ciencia política y sociología critica. Los textos constitutivos de la Revolución Mexicana y el sexenio cardenista conforman la fuente primaria de esta investigación, incluyendo los debates del Congreso Constituyente de mil novecientos diecisiete, las leyes agrarias originales y los decretos de nacionalización de la industria petrolera. Estos documentos no son abordados como meras reliquias de museo, sino como instrumentos jurídicos y políticos vivos que permiten desentrañar la intencionalidad original del Estado mexicano y comprender las desviaciones estructurales que sufrió en décadas posteriores. El análisis de estas fuentes primarias proporciona la base empírica necesaria para validar la tesis central del libro, demostrando que el proyecto cardenista no fue una serie de medidas improvisadas, sino una arquitectura estatal coherente diseñada para subordinar el capital al bienestar colectivo y garantizar la soberanía nacional frente a las presiones del imperialismo económico.

Para el rigor histórico y la contextualización política, la bibliografía incorpora las obras cumbres de la historiografía mexicana que han documentado la trayectoria militar, política y social de Lázaro Cárdenas del Rio. Los textos que detallan la ruptura con el Maximato, la implementación del Plan de Sexenio, la expropiación petrolera y el complejo contexto geopolítico de la década de mil novecientos treinta son esenciales para situar las decisiones del general michoacano en su justa dimensión. Estas fuentes secundarias permiten contrastar la narrativa oficial con la realidad empírica de las luchas campesinas y obreras, evidenciando como el cardenismo logro sintetizar las demandas de las masas en un proyecto institucional viable. Asimismo, se consultan archivos hemerográficos y colecciones de discursos que revelan la psicología política de la época y la resistencia feroz de las oligarquías locales y el capital extranjero. Este entramado historiográfico garantiza que el análisis no caiga en la idealización romántica, sino que mantenga un rigor técnico absoluto al evaluar los éxitos, las contradicciones y el impacto material de las políticas públicas de aquellos años.

El contraste con la realidad contemporánea exige la integración de literatura crítica especializada en el desmantelamiento del Estado de bienestar y la imposición del modelo neoliberal en México y America Latina. Se incluyen estudios exhaustivos sobre los programas de ajuste estructural de la década de los ochenta, las reformas constitucionales que privatizaron los recursos estratégicos, y la modificación del articulo veintisiete que dio muerte a la reforma agraria. Estos textos proporcionan el marco teórico para diagnosticar como la renuncia a la rectoría económica se tradujo directamente en los índices actuales de desigualdad, precarización laboral y violencia endémica. La bibliografía sobre la economía política del neoliberalismo permite desmontar la falacia de la neutralidad técnica y demostrar que las políticas de austeridad y apertura indiscriminada fueron instrumentos de clase para transferir riqueza de las mayorías a los monopolios. Esta literatura es fundamental para sostener la argumentación de que la crisis actual no es un fallo de gestión, sino la consecuencia lógica y predecible de la claudicación soberana.

Para abordar los desafíos del siglo veintiuno, el marco bibliográfico se actualiza con investigaciones recientes sobre geopolítica multipolar, soberanía digital y los fenómenos del neoextractivismo y la economía de plataformas. Se incorporan análisis sobre el impacto de los monopolios tecnológicos en la privacidad y la economía, así como estudios sobre la nueva colonización de los recursos críticos como el litio y las tierras raras. Estos textos permiten adaptar la brújula cardenista a la era de la información, demostrando que los principios de soberanía y justicia social deben expandirse hacia la protección de los datos y la independencia algorítmica. Asimismo, se incluye literatura crítica sobre el falso progresismo latinoamericano, la cual es indispensable para evaluar los errores estratégicos de los gobiernos recientes que, pese a su retórica transformadora, mantuvieron intacta la matriz económica extractivista. Esta actualización bibliográfica asegura que la obra no sea un ejercicio de arqueología política, sino un manual de supervivencia institucional con plena vigencia para los debates contemporáneos.

Finalmente, el andamiaje teórico se enriquece con tratados filosóficos sobre la ética del Estado, la justicia distributiva y la filosofía de la educación emancipadora. Las reflexiones de pensadores clásicos y contemporáneos sobre el papel de la educación como herramienta de liberación y los fundamentos morales de la administración publica proporcionan el sustrato normativo del libro. Estos textos sostienen el argumento de que la reconstrucción institucional no puede limitarse a ajustes macroeconómicos o reformas administrativas superficiales, sino que debe estar arraigada en un compromiso ético inquebrantable con la dignidad humana. La integración de esta filosofía política con el análisis histórico y sociológico garantiza la profundidad analítica de la obra, elevándola por encima de la coyuntura partidarista. Este corpus bibliográfico integral es el testimonio del rigor académico y la honestidad intelectual que exige el tratamiento de un tema de tal envergadura, asegurando que cada conclusión este firmemente anclada en la evidencia y en la teoría critica más sólida.

COLOFON

La culminación de este manuscrito no representa el fin de una investigación, sino la materialización de un deber ineludible con la memoria histórica y con las generaciones que heredaran los escombros de este modelo agotado. A lo largo de estas páginas, se ha diseccionado la arquitectura del Estado cardenista, no para construir un mausoleo de nostalgias, sino para extraer los cimientos sobre los cuales es posible erigir una nueva soberanía en el siglo veintiuno. El análisis profundo de la expropiación petrolera, la reforma agraria y la rectoría económica revela que la independencia de una nación no es un regalo de la historia, sino una conquista diaria que exige la voluntad inquebrantable de subordinar el capital al bienestar colectivo. Como investigador y escritor, asumo la responsabilidad de que estas letras no sean un mero ejercicio académico, sino un instrumento de combate contra la desmemoria y el pensamiento único que intenta convencernos de que no existe alternativa a la sumisión.

Desde la trinchera de las Ciencias de la Educación, este libro se concibe como una herramienta pedagógica fundamental para la emancipación cognitiva de nuestro pueblo. La verdadera transformación social no puede ocurrir si las mentes de los ciudadanos permanecen colonizadas por la narrativa del mercado y la resignación ante la desigualdad. Formar generaciones que comprendan la magnitud de lo que fuimos, de lo que perdimos y de lo que podemos volver a ser, es el único antídoto contra la barbarie del neoliberalismo. La educación debe recuperar su carácter de bien público y de motor de la movilidad social, alejándose de la lógica mercantilista que la reduce a la capacitación de mano de obra barata para las cadenas globales de valor. Solo a través de una pedagogía critica, arraigada en la realidad nacional y comprometida con la justicia, podremos forjar los ciudadanos conscientes que exigirá la refundación del Estado.

La dimensión administrativa y estructural del proyecto nacional también ha sido un eje transversal de esta obra, pues las grandes ideas mueren en la burocracia si no están respaldadas por instituciones sólidas y eficientes. La crítica a la tecnocracia y al falso progresismo latinoamericano nos ensena que la buena intención política es insuficiente si no se traduce en una arquitectura estatal capaz de blindar las conquistas sociales frente a los embates del capital transnacional. El Estado no puede ser un ente mínimo que se limita a certificar la pobreza, sino que debe recuperar su capacidad de planificación, de inversión estratégica y de intervención oportuna en los mercados. La administración pública debe estar al servicio de la patria, libre de los conflictos de interés que han permitido que las elites capturen las instituciones para saquear el patrimonio de la nación.

El destino de México es inescindible del destino de America Latina, y este manuscrito busca tender puentes analíticos con los pueblos hermanos que comparten nuestra historia de despojo y nuestra vocación de resistencia. La debilidad geopolítica de la región frente a los nuevos bloques de poder global solo puede ser contrarrestada mediante la integración soberana y la defensa conjunta de nuestros recursos estratégicos, desde el litio hasta los datos digitales. No podemos seguir permitiendo que nuestra riqueza natural y cultural sea tratada como la bodega de las potencias extranjeras. La sombra del General nos convoca a trascender las fronteras imaginarias que nos dividen y a reconocer que la verdadera independencia continental solo será posible cuando construyamos un bloque de poder regional que negocie con el mundo desde la dignidad y la paridad.

Entrego este texto en limpio, despojado de las vanidades del autor y centrado exclusivamente en la urgencia de sus argumentos, para que sea apropiado por los movimientos sociales, los intelectuales críticos y los ciudadanos que aún se niegan a claudicar. Que la memoria de Alejandra de la Caridad y el legado de Lázaro Cárdenas del Rio sean la brújula que oriente cada decisión, cada lucha y cada victoria en el largo camino hacia la justicia. El manuscrito termina aquí, pero la historia la seguimos escribiendo con los hechos, con la organización y con la inquebrantable convicción de que otro México, soberano y digno, es absolutamente posible.

www.ingramcontent.com/pod-product-compliance
Lightning Source LLC
LaVergne TN
LVHW050846051026
849532LV00006BA/2133
9798295627200